DAS BUCH DER STÄRKEN

Sally Bibb

DAS BUCH DER STÄRKEN

Erfolg und Sinn
in Beruf und Privatleben

MIDAS

Das Buch der Stärken

Erfolg und Sinn in Beruf und Privatleben

1. Auflage

© 2020 Midas Management Verlag AG
ISBN 978-3-03876-527-1

Die Deutsche Nationalbibliothek verzeichnet diese Publikation
in der Deutschen Nationalbibliografie, detaillierte bibliografische
Daten sind im Internet über http://dnb.de abrufbar.

Übersetzung: Claudia Koch, Kathrin Lichtenberg
Lektorat/Korrektorat: Claudia Koch
Layout: Ulrich Borstelmann
Druck und Bindung: FINIDR

Printed in Europe

The Strengths Book, © Sally Bibb | LID Publishing Ltd.
Alle deutschen Rechte vorbehalten

Midas Management Verlag AG,
Dunantstrasse 3, CH 8044 Zürich
www.midas.ch, kontakt@midas.ch
Social Media: @midasverlag

INHALT

EINLEITUNG

»Seine Stärken zu kennen, ist lebensverändernd. Es ist frustrie-
rend, wenn man versucht, jemand zu sein, der man nicht ist.«

Warum hat man uns nie gelehrt, was nötig ist, um mit den großen
Entscheidungen im Leben wirklich glücklich und zufrieden zu sein?
Entscheidungen wie die Studienrichtung an der Universität, die zu
uns passende Karriere und wie wir das Beste aus uns und anderen
herausholen?

Wüssten wir diese Dinge bereits frühzeitig, würde uns das eine
Menge Elend und Frust und manchmal auch das Gefühl ersparen,
Jahre für das Falsche verschwendet zu haben.

Und selbst wenn Sie zu den Glücklichen gehören, die einen für Sie
passenden Beruf gefunden haben – wissen Sie, warum er für Sie
der richtige ist und wie Sie wirklich etwas daraus machen?

Ob Sie im Leben glücklich sind oder nicht, finden Sie heraus, wenn
Sie wissen:

- was *genau* Sie glücklich macht. So können Sie sich für Dinge
  entscheiden, die Sie glücklich machen, während Sie andere
  vermeiden, die dies nicht tun.
- wie Sie entscheiden, ob ein Job, eine Aktivität oder eine Richtung richtig für Sie ist.
- warum manche Dinge einfach so »flutschen« und andere nicht?

Wenn Sie das über sich wissen, haben Sie mehr Zeit für Dinge, die Sie anziehen und erfüllen. Damit machen Sie das Beste aus Ihrem wertvollen Leben. Und das bedeutet, dass Sie den Ihnen wichtigen Personen helfen können, es ebenfalls zu schaffen.

Lesen Sie dieses Buch und entdecken Sie, was Sie antreibt – ob Sie in der Lage sind, ein erfülltes Leben zu führen. Wenn Sie Ihre Stärken erst einmal kennen, ist es viel einfacher, als Sie glauben, Erfüllung zu finden. Und es geht viel schneller.

DIESES BUCH UND WIE SIE ES BENUTZEN

Teil 1 beschreibt die Stärken, wie sie gebildet werden und warum sie so wichtig für unser Glück sind. Mythen werden entlarvt und falls Sie Theorien und Gründe mögen, sind Sie hier genau richtig.

In Teil 2 können Sie Ihre eigenen Stärken entdecken. Hier finden Sie viele Übungen für die unterschiedlichsten Menschentypen.

In den Teilen 3 und 4 dreht es sich darum, wie Sie Ihre Stärken entwickeln und in verschiedenen Lebensbereichen anwenden.

Teil 5 führt Sie durch andere Faktoren, die für Ihre Zufriedenheit wichtig sind.

Sie werden sofort in der Lage sein, das Gelernte umzusetzen. Und was Sie entdecken, wird Sie für den Rest Ihres Lebens begleiten. Doch nicht nur das – Sie können auch anderen helfen: Freunden, Familienmitgliedern und Kollegen.

MEINE REISE

Dieses Buch ist für mich sehr wichtig. Hätte ich selbst nämlich in jüngeren Jahren meine Stärken gekannt, dann hätte ich mich mehr angestrengt, um den Abschluss zu erreichen, den ich wirklich haben wollte. Ich hätte die Beförderung in einem Job abgelehnt, für den ich ungeeignet war, und hätte mir damit eine Menge Frust und Elend erspart.

Schauen wir zurück in die 1980er. Ich war Mitte 20 und hatte nach dem Studium einen tollen Job in einem globalen Unternehmen. Ich stellte die Crews für Kabelschiffe zusammen, die auf der ganzen Welt Unterseekabel für die Telekommunikation installierten und reparierten. Ich liebte meine Arbeit. Sie passte zu mir und ich konnte es morgens kaum erwarten loszulegen.

Doch dann ging alles schrecklich schief.

Ich wurde befördert. Zuerst fand ich das gut – eine Stufe nach oben auf der Leiter, mehr Geld, ein höherer Status und alles das, was uns glauben macht, dass eine Beförderung super ist.

Der neue Job konnte jedoch nicht schlechter zu mir gepasst haben. Er umfasste Schreibtischarbeit in Vorbereitung der Verhandlungen meiner Chefs mit den Gewerkschaften. Ich saß gemeinsam mit meinem Manager in einem stillen Büro. Man schickte mich zu einem Lehrgang für Datenanalyse. Obwohl ich mich dann mit Zahlen und Tabellen auskannte, fand ich die Arbeit belastend. Mein vorheriger Job dagegen hatte mich sehr angeregt.

Meine Zuversicht sank und weder mein Chef noch ich selbst verstanden, wie ich in meiner früheren Rolle so dynamisch und erfolgreich sein konnte, in meiner neuen dagegen nicht. Ich hatte im Vorstellungsgespräch alle Kästchen abgehakt, aber niemand hatte gefragt, ob der Job wirklich zu mir passte.

Natürlich hielt ich das nicht lange durch. Mir ging das nicht aus dem Sinn – wie konnte sich ein Unternehmen mit sor ausgefeilten Auswahlverfahren so sehr irren? Es konnte nicht an ihm, sondern musste an mir gelegen haben. Dachte ich zumindest.

Ich brauchte zehn Jahre, um zu erkennen, was passiert war.

Während einer Konferenz erfuhr ich von der Psychologie der Stärken und wie sie das Leben der Menschen revolutionieren könnte. Dann kam der Aha-Effekt – ich folgte nicht meinen Stärken, sondern versuchte meist, meine Schwächen zu überspielen.

Ich war einfach an der falschen Stelle.

Mein Unternehmen versuchte unabsichtlich, aus mir etwas zu machen, was ich nicht war.

Fast 30 Jahre später mühen sich Tausende von Menschen immer noch in Jobs ab, für die sie nicht geeignet sind, und Unternehmen machen es immer noch falsch.

Hätte ich die Bedeutung der Stärken gekannt und meine eigenen früher entdeckt, dann hätte ich mir viel erspart und bessere Entscheidungen getroffen.

Ich schreibe dieses Buch, weil ich die die transformative Kraft der Stärken bekannt machen möchte.

TEIL EINS

WAS SIND STÄRKEN UND WARUM SIND SIE WICHTIG?

DIESER TEIL BEANTWORTET DIE FOLGENDEN FRAGEN:

- Was sind Stärken und warum sind sie wichtig?
- Warum sind Stärken der Schlüssel zum Glück und Erfolg bei allem, was Sie tun?
- Warum spielen Schwächen normalerweise keine Rolle?

»Die Konzentration auf Ihre Stärken gibt Ihnen Selbstvertrauen. Man kann die körperlichen Änderungen bei den Menschen sehen. Es ist unglaublich.«

WICHTIGE PUNKTE:

- Wir verbringen etwa ein Drittel unseres Lebens mit der Arbeit.
- Nur 13% der Arbeiter weltweit sind glücklich bei der Arbeit[1].
- Mehr als die Hälfte der britischen Arbeitnehmer sagen, dass sie den falschen Beruf gewählt haben[2].

»Nur wenige Menschen, selbst ausgesprochen erfolgreiche, können diese Fragen beantworten: Wissen Sie, worin Sie gut sind? Wissen Sie, was Sie lernen müssen, damit Sie Ihre Stärken voll ausnutzen? Nur wenige haben sich selbst diese Fragen gestellt.«
– Peter F. Drucker

Bevor wir die Bedeutung von Stärken anschauen und (in Teil Zwei) IHRE Stärken entdecken, müssen wir zunächst noch einige Ideen und Praktiken vorstellen.

1. WARUM SPRECHEN WIR NICHT EINMAL ÜBER STÄRKEN?

Manchmal haben Leute »Einwände«, die sie daran hindern, über ihre Stärken zu sprechen. Ich möchte hier kurz darauf eingehen.

- **Es ist Prahlerei.** Verständlich, warum manche Menschen so denken, vor allem, wenn sie in einer Kultur oder in Familie aufgewachsen sind, in der Bescheidenheit als Tugend gilt. Es könnte wie Prahlerei klingen, wenn Sie erzählen, wie gut Sie etwas können. Denken Sie jedoch daran, dass Ihre Stärken nicht nur Ihnen, sondern auch anderen helfen können. Wenn diese anderen aber nicht wissen, was Sie beizutragen haben, bitten sie auch nicht um Ihre Hilfe. Es kommt darauf an, wie Sie es vermitteln. Würden Sie zum Beispiel sagen: »Ich wäre so gern in dem Team, weil ich toll bei x bin«, klingt das ganz anders als »Ich würde gern helfen und meine spezielle Stärke ist x, sodass ich wirklich etwas bewegen kann.«

- **Es ist egozentrisch.** Manchmal glauben Menschen, dass es egozentrisch sei, an Projekten oder Projektteilen mitarbeiten zu wollen, bei denen sie ihre Stärken ausspielen können. Dabei hilft es allen, wenn jedes Teammitglied das macht, worin es wirklich gut ist. Und das ist ja eigentlich das Gegenteil von Egozentrik, weil es bedeutet, dass Sie ausgleichen können, worin Ihre Kollegen schwach sind und umgekehrt.

- **Es ist unverantwortlich.** Ich habe schon erlebt, dass der Stärken-Ansatz als unverantwortlich kritisiert wurde, weil er die Menschen ermutigt, sich auf ihre Stärken zu konzentrieren und ihre Schwächen zu ignorieren. Dabei ist es genau andersherum: Verantwortungsvoll ist es, die anderen wissen zu lassen, an welcher Stelle Sie den größten Beitrag leisten können. Und es geht nicht darum, Ihre Schwächen zu ignorieren; es geht darum, klarzumachen, wo Sie die größte Wirkung erzielen. Und es geht darum, realistisch einzuschätzen, was Sie in Bezug auf Ihre Schwächen tun können.

Mir gefällt, was Marcus Buckingham in seinem Buch *Go Put Your Strengths to Work*[3] schreibt:

»Das Team braucht von Ihnen nicht die vage Bereitschaft ›zu tun, was immer auch nötig ist.‹ Stattdessen müssen Sie Ihre Stärken und Schwächen exakt verstehen und herausfinden, wie Sie auf Ihre Stärken hinarbeiten und sich von Ihren Schwächen entfernen.«

2. AB MIT ALTEN ZÖPFEN

- **Seien Sie eine vielseitige Persönlichkeit.** In Schule und Arbeitsleben scheint es hauptsächlich darum zu gehen, uns zu »vielseitigen« Menschen zu machen. Man erwartet von uns, überall gute Noten und allzeit gute Leistungen zu erzielen. Das ist unrealistisch und nicht wünschenswert.

  Stellen Sie sich vor, der britische Tennisprofi Andy Murray hätte versucht, in allem Spitze zu sein. Vermutlich wäre er unglücklich und viel schlechter im Sport, weil er einen Haufen Energie für Dinge verwendet hätte, die er nicht mag und in denen er niemals wirklich gut sein würde. Keiner von uns kann überall gut sein. Wenn wir unsere Zeit und Energie dafür einsetzen, werden wir in vielen Dingen mittelmäßig und in nichts großartig.

- **Sie haben nicht genügend Stärken und müssen mehr entwickeln.** Sie werden beim Lesen dieses Buches feststellen, dass Sie eine Reihe von Stärken haben, die Sie glücklich und zufrieden machen, wenn Sie sie nutzen. Der Gedanke, dass jemandem Stärken fehlen, ist falsch. Wir alle haben Stärken – die meisten Menschen kennen sie nur entweder nicht, nehmen sie einfach so hin oder sind unsicher, wie sie den größten Vorteil daraus ziehen.

- **Bestleistungen kommen, wenn wir unsere Schwächen ausmerzen.** Oft wird angenommen, dass wir Spitzenleistungen erreichen, indem wir unsere Schwächen so gut wie möglich eliminieren. Die meisten Arbeitgeber halten die Stärken ihrer Angestellten für selbstverständlich und wollen sie dazu bringen, ihre Schwächen auszumerzen. Dies führt im besten Fall zu einer mittelmäßigen Leistung. Ganz sicher bringt es keine motivierten, selbstbewussten Angestellten hervor.

Das heißt aber auch, dass die meisten Unternehmen ihr Trainingsbudget dafür aufwenden, Schwächen zu beseitigen, statt den Menschen zu helfen, ihre Stärken weiterzuentwickeln. Im Idealfall sollten die Ressourcen dazu dienen, die richtigen Leute für Rollen auszuwählen, in denen sie brillieren können.

- **Sie müssen anders sein, um sich zu verbessern.** Für die meisten von uns gilt das genaue Gegenteil. Wir müssen eher derjenige sein, der wir *wirklich* sind, um besser zu sein. Sicher, Sie müssen vielleicht ein neues Bewusstsein, Wissen oder Fertigkeiten erwerben, die Sie zu dem Rohmaterial Ihres »Selbst« hinzufügen können, aber wenn Sie dauernd versuchen, anders zu sein, werden Sie nur Frust ernten.

  Menschen müssen sich nicht ändern, um exzellent zu sein. Sie müssen nur verstehen, wer sie sind und welche Stärken ihnen innewohnen. Wenn sie dann wie verrückt an diesen Dingen arbeiten, werden sie exzellent.

- **Es ist unrealistisch, Spaß am Job zu erwarten.** Der Gedanke, dass wir einfach unsere Arbeit hinnehmen sollten, ohne Spaß dabei zu empfinden, ist tief verwurzelt. Vermutlich geht er auf die Zeit zurück, als viele Menschen unter schwierigen Bedingungen hart arbeiten mussten, als Arbeit einfach eine Frage des

Überlebens war und keine Chance, sich zu verwirklichen. Heute kann man viel mehr erwarten als nur seinen Lohn. Wenn Sie wissen, was Sie bewegt, können Sie Erfüllung in Ihrer Arbeit finden.

- **Vorankommen bedeutet, die Karriereleiter zu erklimmen.** Jahrelang war es unbestritten, dass ein Vorankommen bedeutet, in der Hierarchie der Organisation aufzusteigen. Oft kommt es jedoch vor, dass jemand von einem Job, den er liebte, in eine Managerrolle befördert wurde, nur um festzustellen, dass ihm diese gar nicht liegt.

  Seit die Generation Y (die sogenannten »Millennials«) ins Arbeitsleben eingetreten ist, wird diese Vorstellung jedoch hinterfragt. In der Generation Y neigt man eher dazu, einen Aufstieg horizontal zu sehen. Es geht vor allem darum, zu »passen«. Die Frage sollte immer lauten: Passen Sie gut an diese Stelle?

  Es ist manchmal schwierig, sich an diese Denkweise zu gewöhnen, weil diese Praxis noch nicht sehr verbreitet ist. Dabei ist sie sehr vernünftig. Ich sprach einmal mit einer Krankenschwester, die immer angenommen hatte, dass ihr nächster Schritt auf der Karriereleiter die Position der Stationsschwester sein würde. Sie erkannte jedoch, dass sie gern Krankenschwester war. Ihr gefiel der tägliche Kontakt mit den Patienten und sie wollte eigentlich keine Führungsposition haben. Bei unserer Diskussion merkte sie, dass sie als Stationsschwester an der falschen Stelle wäre. Entsprechend war sie nicht enttäuscht, sondern erleichtert, als ihr dies klar wurde.

- **Eine Karriere ist besser als ein Job.** Der Gedanke, dass eine Karriere einem simplen Job überlegen ist, hat vermutlich etwas mit der Auffassung von persönlicher Erfüllung, Zufriedenheit,

Beitrag zur Gesellschaft und Erreichen des eigenen Potenzials zu tun. Sicher ist ein gewisser Status damit verbunden. Ein Job gilt oft einfach nur als etwas, das man für Geld macht, statt eine spezielle Befriedigung daraus zu ziehen.

Diese Auffassung wird von der Stärke-Bewegung in Frage gestellt, die dazu anregt, den Weg zur persönlichen Zufriedenheit zu suchen, statt sich auf den Gegensatz zwischen Job und Karriere zu konzentrieren. Das Arbeiten in einem Callcenter könnte man als »nur einen Job« betrachten, genau wie das Arbeiten in einem Café oder als Lieferant. Wir haben jedoch bei unserer Arbeit mit allen möglichen Unternehmen festgestellt, dass es Menschen in den erwähnten Positionen gibt, die ihren Job wirklich gern tun und sagen: »Ich kann kaum glauben, dass ich bezahlt werde, um dies zu tun.« Jeder hat Stärken, und so ist es egal, ob Sie Ihre Arbeit als Job oder als Karriere bezeichnen. Entscheidend ist, dass Sie es gern machen.

- **Positives Denken führt zum Glücklichsein.** Die Bewegung des positiven Denkens ermuntert uns, positiv zu sein, auch wenn wir uns nicht so fühlen. Sie behauptet, dass man einfach positiv denken muss, um glücklich zu sein. Forschungen zeigen aber, dass wir tatsächlich weniger glücklich werden, wenn wir versuchen, Emotionen wie Trübsal, Trauer und Ärger beiseite zu schieben[4].

Glücklichsein ist eine Nebenwirkung, wenn wir Dinge tun, die wir an sich wertvoll finden. Wir können diesen Zustand nicht erreichen, indem wir einfach anders denken. Falls Sie also bei der Arbeit, an der Uni oder in Ihrer Beziehung unglücklich sind, wird positives Denken dies nicht ändern. Es verschlimmert den Zustand vielleicht sogar, weil Sie glauben, Sie sollten in der

Lage sein, dies durch die Kraft Ihrer Gedanken zu ändern und das Gefühl bekommen, mit Ihnen stimme etwas nicht.

»Ich bin viel glücklicher, wenn ich mit dem arbeite, was ich habe, statt Zeit und Energie damit zu vergeuden, etwas zu sein, was ich nicht bin.«

ÜBUNG

Schauen Sie sich die Beispiele an und schreiben Sie Ihre Überzeugungen und einen Ersatz dafür in die freien Felder:

Welche meiner Überzeugungen unwahr sind oder mir nicht helfen	Wodurch ich sie ersetzen kann
Ich bin nicht erfolgreich, wenn ich nicht befördert werde.	Ich werde wirklich erfolgreich sein, wenn ich in einem Job arbeite, den ich liebe und zu dem ich wirklich passe.
Ich genüge irgendwie den Ansprüchen nicht.	Ich habe alle Stärken, die ich brauche, ich brauche lediglich Hilfe, um sie zu erkennen, zu wertschätzen und anzuwenden.

3. WAS IST EINE STÄRKE?

Eine Stärke ist etwas, bei dem man von sich aus gut ist, was man gern macht und was beflügelt und anregt.

Unsere Stärken sind uns eigen. Sie entwickeln sich im Laufe unserer Teenager-Zeit. Zu diesem Zeitpunkt sind wir, wer wir sind, und wir ändern uns anschließend nicht mehr sehr. Wir können neue Fertigkeiten oder Kenntnisse erwerben, doch als Person ändern wir uns nicht mehr grundsätzlich.

Ein Beispiel für eine uns innewohnende Stärke ist, gern mit anderen Menschen in Verbindung zu treten. Haben Sie bemerkt, wie wirklich gute Baristas in Cafés dies tun? Sie können nicht anders – sie können es nicht *nicht* tun. Ein anderes Beispiel ist ein Sportler, der von sich aus konkurrenzbewusst ist. Er muss einfach gewinnen. So ist er einfach.

Stellen Sie sich Ihre Stärken als etwas vor, das Sie nicht *nicht* tun können. Sie sind ein natürlicher Teil von Ihnen. Denken Sie einmal darüber nach, was das für Sie bedeutet. Welche Art von Dingen machen Sie ganz natürlich? Kommt es vor, dass Sie fast immer:

- mit Leuten in Aufzügen, Warteschlangen oder Zügen reden?
- eine Liste mit zu erledigenden Sachen haben, selbst an Wochenenden?
- bemüht sind, immer als erster fertig zu sein?
- Probleme sehen, die gelöst werden müssen?

Falls Sie zu einem dieser Punkte laut »Ja, das bin ich!« gesagt haben, ist dies mit hoher Wahrscheinlichkeit eine Ihrer Stärken.

Unsere Stärken einzusetzen, gibt uns Kraft. Haben Sie an irgendeiner Stelle »Nein« geantwortet, dann ist dies keine Ihrer natürlichen Stärken. Sie würden diese Dinge vermutlich vermeiden, und falls Sie sie doch tun, wäre das sehr anstrengend für Sie.

Unsere Werte sind ebenfalls Stärken. Es könnte zum Beispiel sehr wichtig für Sie sein, etwas zu bewegen und zu verändern.

Auch unsere Motivationsfaktoren sind Stärken. Sie könnten dadurch motiviert sein, dass Sie konkurrenzbewusst oder außerordentlich gut organisiert sind.

Ihre Stärken spiegeln Ihr wahres Ich wider. Sie können nicht NICHT so sein.

4. WARUM SIND STÄRKEN WICHTIG?

Haben Sie schon einmal versucht, etwas zu sein, das Sie nicht sind? Oder hatten Sie einen Job, bei dem man von Ihnen so etwas erwartete?

Vermutlich fühlten Sie sich so, weil Sie Dinge taten, für die Sie nicht geeignet waren. Mir passierte das, als ich auf eine Stelle befördert wurde, bei der ich stundenlang mit Tabellen arbeiten musste. Ich hatte alles gelernt, was dazu nötig war, aber mir fehlte die Begeisterung für Zahlen und Daten. Dann würde ich dies niemals gern machen.

Unsere Stärken sind wichtig, weil:

- sie für uns echt sind. Was nützt es, gegen uns selbst anzuarbeiten, wenn wir erfolgreicher sein können, indem wir mehr wir selbst sind?
- sie uns Selbstbewusstsein geben, weil sie uns zeigen, wie wir am besten sind – bei Dingen, in denen wir von Natur aus gut sind.
- wir den Gedanken loslassen können, dass wir irgendwie anders sein sollten.

Und das Beste an Stärken: Sie bedeuten, dass wir *unser* Leben leben können, nicht das eines anderen!

Unsere Stärken sind wichtig, weil ein Leben, bei dem wir vor allem unseren Stärken folgen, die einzige Möglichkeit ist, zufrieden zu sein.

Falls Sie Ihre Stärken nicht kennen, fühlen Sie sich möglicherweise ein Leben lang mies, weil Sie immer versuchen, etwas zu sein, was Sie nicht sind.

Wenn Sie Ihre Stärken verstehen, kann das Ihr Leben verändern, weil Sie einen enormen Zuwachs an Selbstbewusstsein erleben, wenn Sie erkennen, worin Sie von Natur aus gut sind. Sie akzeptieren sich selbst, weil klar wird, was an Ihnen positiv ist. Möglicherweise haben Sie das vorher einfach als gegeben hingenommen oder gar nicht gemerkt.

Ich weiß, dass dies Leben ändern kann, weil ich oft erlebt habe, wie Menschen sehr emotional wurden, wenn sie ihre Stärken erkannten. Nicht nur, weil sie einen bestätigenden und positiven Einblick in sich selbst gewannen, sondern weil sie merkten, wie grundsätzlich dies ihr Leben und das Leben der Menschen um sie herum ändern kann.

Wir leben in einer Zeit mit unglaublichem Erfolgsdruck. Die Bildungssysteme sind sehr ergebnisorientiert. Junge Menschen spüren Leistungsdruck. Und Unternehmen drängen ihre Mitarbeiter zur Einhaltung vieler Ziele und zu Höchstleistungen. Das ist erst einmal nicht verkehrt. Es wird allerdings zum Problem, wenn sich eine Person genötigt fühlt, etwas zu sein, das sie nicht ist, wenn sie glaubt, in allem immer besser sein zu müssen, und nicht akzeptieren kann, das dies nicht möglich ist.

Allzu viele Eltern, Lehrer und Unternehmen versuchen unabsichtlich, uns zu etwas zu machen, das wir nicht sind.

»Ich bin in einer Rolle, für die ich von Natur aus geeignet bin. Man sagt zu mir Dinge wie: ›Du bist dazu geboren, dies zu tun.‹«

5. WIE WERDEN STÄRKEN GEBILDET?

Unsere Stärken werden von den Synapsen in unserem Gehirn geschaffen. Eine Synapse ist eine Verbindung zwischen zwei Gehirnzellen, die es den Neuronen erlaubt zu kommunizieren. Diese Synapsen sind Ihre Verknüpfungen – und das Verhalten hängt von der Bildung der passenden elektrischen und chemischen Verbindungen zwischen den Neuronen im Gehirn ab. Ganz einfach gesagt, Ihre Synapsen erschaffen Ihre Stärken.

Am 42. Tag nach der Zeugung bildet das Gehirn sein erstes Neuron. Etwa 120 Tage später hat es Milliarden davon. Das sind 9.500 Neuronen pro Sekunde. Ungefähr 60 Tage vor der Geburt beginnen die Neuronen, miteinander zu kommunizieren und Verbindungen herzustellen. Im Alter von 3 Jahren haben alle 100 Milliarden Neuronen jeweils 15.000 synaptische Verbindungen mit anderen Neuronen aufgebaut. Dann aber nehmen die Dinge eine seltsame Wendung. Die Natur sorgt dafür, dass viele der gewachsenen Verknüpfungen ignoriert werden; sie werden nicht mehr gebraucht und beginnen aufzubrechen. Zwischen 3 und 15 Jahren verliert das Gehirn Milliarden dieser synaptischen Verbindungen. Mit 16 ½ ist das Netzwerk im Prinzip verschwunden und kann auch nicht wieder aufgebaut werden. Das genetische Erbe und frühkindliche Erfahrungen sind dafür verantwortlich, dass einige dieser Verbindungen besser und einfacher zu finden sind als andere. Manche Verbindungen schwinden, weil sie nicht verwendet werden, während andere gestärkt und geschärft werden, sodass sie schließlich besonders stabil sind. Wenn wir die Pubertät erreichen, sind diese synaptischen Verbindungen etabliert; hinterher sind keine großen Veränderungen mehr zu erwarten.

Stellen Sie es sich so vor: Unsere Stärken sind wie eine vierspurige Autobahn in unserem Gehirn. Die schnellen und effizienten Verbindungen sind diejenigen, die oft benutzt und ausgelastet werden. Verbindungen, die weniger häufig verwendet werden, sind kleine Straßen, die uns unvertraut und schwieriger zu navigieren sind. Sie zu benutzen, ist weniger erfreulich.

Unsere Stärken sind mit der Pubertät fertig ausgebildet. Wir sind dann, wer wir sind, und verändern uns nicht mehr sehr stark.

6. IHRE STÄRKEN KENNEN

Wenn Menschen ihre Stärken klar werden, motiviert dieses Wissen sie oft und bringt ihnen Gewissheit. Unsere Stärken zu kennen, erlaubt uns, besser zu verstehen, warum wir in bestimmten Situationen glücklicher sind und in anderen nicht. Auf diese Weise können wir bewusst solche Situationen suchen. Hier sind einige Beispiele:

Caroline ist Geldbeschafferin für einen Spendenfond. Zu ihren Stärken gehört, dass sie gern neue Leute kennenlernt. Außerdem ist sie neugierig, entschlossen und möchte etwas bewegen. Sie erzählte mir, nachdem sie ihre Stärken entdeckt hatte, hörte sie auf, an ihrem Job zu zweifeln. Sie weiß jetzt, dass sie an der richtigen Stelle ist, weil sie ständig ihre Stärken einsetzen kann.

Elizabeth hatte gerade ihr Studium abgeschlossen. Sie war nicht sehr selbstbewusst, bis sie erkannte, dass sie viele Stärken besitzt, auch wenn sie noch keine Arbeitserfahrung hatte. Sie liebt es, etwas zu erreichen, sie hilft gern anderen Menschen, sie kann gut kommunizieren und sie ist motiviert, wenn es um das Erlernen neuer Dinge geht. Sie hatte vorher nie darüber nachgedacht und diese Eigenschaften deshalb auch nicht in ihren Lebenslauf geschrieben. Das Wissen darum hat ihr jedoch bewusst gemacht, dass sie ihrem potenziellen Arbeitgeber etwas bieten kann.

Ed ist Journalist in Ausbildung. Er hat Autismus. Er hatte Probleme, Vorstellungsgespräche zu bekommen. Zu seinen Stärken gehören Zuhören, das Richtige tun, eine klare schriftliche Kommunikation, Entschlossenheit und Organisation – alles Eigenschaften, die einem Journalisten nützen können. Er fügte ein Stärken-Profil in seinen Lebenslauf ein, bekam daraufhin Vorstellungsgespräche und ist jetzt selbstbewusst genug, in diesen Gesprächen über sich selbst zu reden. Er hat nun nämlich das Gefühl, sein wahres Ich ausdrücken zu können.

7. STÄRKEN LENKEN UNSER VERHALTEN

Ihre Stärken sind quasi Ihr Innerstes. Sie sind der Motor, der Ihr Handeln antreibt. Falls Sie zum Beispiel gern Verantwortung übernehmen, zeigt sich dieses Verhalten, wenn Sie anbieten, an Projekten mitzuarbeiten oder schwierige Anrufe bei Kunden zu erledigen, die niemand übernehmen möchte.

Unsere Stärken können auch bedeuten, dass wir uns manchmal unangenehm oder unnatürlich verhalten. Falls Sie zum Beispiel von Natur nicht sehr nachdrücklich sind, es für Sie aber wichtig ist, das Richtige zu tun, haben Sie vielleicht bemerkt, dass Sie bestimmt auftreten, damit Dinge so laufen, wie sie sein sollen – obwohl Sie innerlich zittern. Ich habe das selbst schon einmal miterlebt, als eine Krankenschwester einem Arzt widersprach. Es entsprach absolut nicht ihrem Wesen, aber der Arzt gefährdete durch sein Handeln das Wohlergehen ihres Patienten. Sie sagte ihm das, obwohl sie sich eingeschüchtert fühlte und es nervenaufreibend für sie war. Sie würde in einem Restaurant sicher keine lauwarme Mahlzeit zurückgehen lassen, aber nur, weil das für sie nicht wichtig wäre. Gegenüber dem Arzt jedoch legte sie ein Verhalten an den Tag, das für sie nicht natürlich war – weil eine ihrer Stärken, nämlich der Drang, das Richtige zu tun, sie dazu brachte.

Unser Verhalten ist nur eine Begleiterscheinung unserer Stärken. Wir können also unsere Stärken nutzen, um uns auf eine Art und Weise zu verhalten, die uns nicht leichtfällt, aber uns hilft, unser Ziel zu erreichen.

8. WAS KÖNNEN SIE AN SICH SELBST ÄNDERN?

Unsere Stärken ändern sich nicht, weil sie ein wesentlicher Teil von uns selbst sind. Wir beginnen vielleicht, Stärken zu nutzen, die wir vorher nicht viel verwendet haben, und dadurch entwickeln sie sich weiter und werden stärker. Oder sie schwächen sich ab, wenn wir sie nicht einsetzen. Aber sie sind trotzdem immer da.

Wir können unser Verhalten ändern, aber was uns begeistert oder auslaugt, bleibt über die Zeit immer einigermaßen konstant.

Okay, wir haben also festgestellt, dass wir nicht ändern können – und es auch nicht versuchen sollten –, wer wir grundsätzlich sind (d. h. unsere Stärken). Was können wir also verändern?

- Wir können neue Fertigkeiten erlernen.
- Wir können neues Wissen erwerben.
- Wir können (in einem gewissen Grad) unser Verhalten ändern.

Zum Beispiel könnten Sie feststellen, dass Sie eine entscheidende Eigenschaft haben, um als Manager erfolgreich zu sein – Sie haben gern das Sagen. Sie haben aber keine Ahnung, wie Sie Feedback geben oder ein Meeting leiten. Dies sind Fertigkeiten, die Sie erlernen müssen. Vielleicht müssen Sie etwas über Arbeitsrecht wissen. Solches Wissen können Sie sich anlesen oder in einem Kurs erwerben.

Sie können nicht ändern, wie Sie als Person grundsätzlich sind. Aber Sie können neue Fertigkeiten erlernen und sich neues Wissen aneignen.

9. WIE IST ES MIT SCHWÄCHEN?

Manche Arbeitgeber sagen euphemistisch »entwicklungsfähige Bereiche« statt »Schwächen«, weil Schwäche so negativ klingt. Ich verstehe das zwar, aber im Grunde sind Schwächen gar nicht negativ. Jeder von uns hat Schwächen, genau wie jeder Stärken hat. Das ist nur menschlich.

Schämen Sie sich daher nicht Ihrer Schwächen. Wir müssen sie akzeptieren und dann entscheiden, ob wir etwas dagegen unternehmen sollten.

Aber vorher ist es sinnvoll, Schwächen in zwei Arten zu unterteilen: solche, die wichtig sind, und solche, die es nicht sind. Die meisten unserer Schwächen sind irrelevant, weil sie unsere Leistung nicht behindern. So ist es etwa für Ihre Arbeit als Journalist nicht schlimm, wenn Sie nicht gut bei häuslichen Reparaturen sind. Ein Zeitungsreporter dagegen, der nicht gut schriftlich kommunizieren kann, hat ganz klar den Beruf verfehlt.

Listen Sie in der Tabelle auf Seite 24 Ihre Schwächen auf. Sortieren Sie sie dann: unwichtige, manchmal wichtige und solche, die Ihrer Leistung im Weg stehen.

Hier ist ein Beispiel von jemandem, der Konferenzen organisiert:

Schwäche	Egal (Ich kann sie ignorieren)	Manchmal wichtig	Wichtig	Möglichkeiten, die wichtigen Schwächen zu entschärfen
Kein besonders guter Anführer	✕			
Schrecklich beim Umgang mit Konflikten		✕		Beim nächsten Mal, wenn ein Konflikt auftritt, darüber nachdenken, warum es wichtig ist, ihn zu lösen, damit ich den Mut habe, mich ihm zu stellen. Notfalls einen Kollegen um Hilfe bitten, der keine Angst vor Konflikten hat (z. B. beim Entwerfen von E-Mails).
Nicht gut beim Analysieren von Daten	✕			
Nicht besonders durchsetzungsfähig			✕	Ähnlich wie bei den Konflikten, deshalb ähnlichen Ansatz verfolgen. Könnte auch einen Kurs machen, um Tipps und Techniken zu lernen.

Listen Sie hier Ihre eigenen Schwächen auf.

Schwäche	Egal (ich kann sie ignorieren)	Manchmal wichtig	Wichtig	Möglichkeiten, die wichtigen Schwächen zu entschärfen

Anstatt sich von Ihren Schwächen behindern zu lassen, sollten Sie sie als Teil dessen sehen, was Sie menschlich macht. Konzentrieren Sie sich nur auf die Schwächen, die wirklich wichtig sind – diejenigen, die relevant sind, wenn Sie Ihre Ziele erreichen wollen.

10. KANN EINE SCHWÄCHE ZU EINER STÄRKE WERDEN?

Wir können eine echte Schwäche nicht in eine Stärke verwandeln. Es ist möglich, sie zu verbessern oder eine Ihrer Stärken einzusetzen, um sie auszugleichen. Falls Sie zum Beispiel nicht gern in der Öffentlichkeit sprechen, könnten Sie dies üben, damit es Ihnen leichter fällt. Mit den richtigen Fertigkeiten und Techniken können Sie sich darin auch verbessern. Einer meiner Kunden erkannte, dass er damit etwas erreichen kann, das ihm wichtig ist, etwa eine Botschaft zu an die Welt zu vermitteln, an der ihm etwas liegt.

Falls Sie jetzt eine Stärke haben, die einmal eine Schwäche war, dann lässt sich das wahrscheinlich so erklären: Sie wussten nicht, dass dies eigentlich eine Stärke war, Sie haben das Selbstbewusstsein entwickelt, sie zu benutzen, und betrachten sie nun als Stärke. Oder etwas anderes hat sich geändert, sodass Sie nun die Freiheit spüren, diese Stärke einzusetzen.

11. WARUM WIR UNS AUF SCHWÄCHEN KONZENTRIEREN – DER NEGATIVITÄTS-BIAS

Wir wissen aus der Evolutionsbiologie und der Neurowissenschaft, dass wir darauf programmiert sind, auf Risiken in unserer Umgebung zu achten. Deshalb liegt es in der Natur des Menschen, sich eher auf das Negative zu konzentrieren. Die Urmenschen mussten sich vor wilden Tieren und benachbarten Stämmen in acht nehmen, sodass es wichtig war, sich auf potenzielle Probleme zu konzentrieren. Menschen, die aufmerksamer die Risiken in ihrer Umgebung beobachteten, hatten größere Überlebenschancen.

Im heutigen Kontext bedeutet dies, dass wir uns darauf konzentrieren müssen, was nicht funktioniert. Dazu gehört das Ignorieren der positiven Teile eines Feedback und das Fixieren auf alles Negative. Eine negative Sache kann alle positiven Dinge überschatten, sodass überproportional viel Energie in einen Bereich fließt, der uns nicht unbedingt zu Spitzenleistungen antreibt.

Sind wir uns des Negativitätsbias bewusst, kann uns das schon vor seinen schädlichsten Auswirkungen beschützen. Falls wir ihn in uns selbst und anderen bemerken, können wir ihn durch einen Fokus auf den positiven Dingen ausgleichen.

Zeigt eine Person einen wirklich starken Negativitätsbias, kann das auch andere Leute beeinflussen. Denken Sie an Ihre Arbeitsumgebung oder Ihre Familie. Wenn manche Leute in den Raum kommen, freuen Sie sich und denken: »Oh, gut, es ist der-und-der.« Bei anderen freuen Sie sich dagegen nicht, sondern sind zwar höflich, aber nicht besonders bemüht, mit ihnen zu reden. Die erste Gruppe Menschen ist möglicherweise im Allgemeinen positiv und angenehm. Die zweite Gruppe dagegen ist wenig inspirierend und eher anstrengend.

Es ist also tatsächlich wichtig, den Negativitätsbias und seinen Einfluss auf Sie und andere zu verstehen, weil er Sie viel Zeit und Energie kosten kann. Er könnte Sie heimtückisch daran hindern, Ihr wirklich Bestes zu geben.

Wie gesagt, es liegt in der menschlichen Natur, sich auf das zu konzentrieren, was falsch läuft – es ist ein Überlebensinstinkt. In der modernen Welt kann dies jedoch unsere Motivation, Moral und Leistungsfähigkeit beeinträchtigen.

ÜBUNG
EINEN NEGATIVEN STANDARDMODUS ZURÜCKSETZEN UND IHR SELBSTBEWUSSTSEIN STÄRKEN

Absolvieren Sie diese Übung, falls Sie sich, wie viele Menschen, eher darauf konzentrieren, wobei Sie nicht wirklich gut sind:

1. Bitten Sie drei Leute, die Sie gut kennen, die Dinge aufzuschreiben und Ihnen per Mail zu senden, bei denen Sie richtig gut sind. Das Schreiben hilft diesen, darüber nachzudenken, und verleiht dem Ganzen zusätzliches Gewicht.

   _____

   _____

2. Speichern Sie die Liste an einer Stelle, wo Sie sie leicht zugreifen können: in Ihrem Telefon oder Notebook.

   _____

   _____

3. Lesen Sie diese Liste immer dann, wenn Sie darüber nachdenke, wobei Sie nicht sehr gut sind.

   _____

   _____

   _____

ÜBUNG
IHR SELBSTBEWUSSTSEIN STÄRKEN

Falls Sie körperliche Aktivitäten mögen und sich ein bisschen für einen Schauspieler halten, machen Sie dies, sobald Sie einmal ein paar Minuten für sich haben:

Nehmen Sie die Liste von S. 28 und stellen Sie sich hin. Stehen Sie gerade, recken Sie die Arme in die Luft und schauen Sie nach oben. Atmen Sie ein paarmal tief ein und halten Sie die Pose für einige Sekunden. Sagen Sie dann mit lauter, deutlicher Stimme: »Ich bin [Ihr Name], und einige meiner Stärken sind x, y, z.« Legen Sie Kraft in Ihre Stimme. Wiederholen Sie das mehrmals mit zunehmender Energie. Es wirkt vielleicht albern, aber diese Übung beeinflusst nachweislich Ihre Stimmung und Ihr Selbstbewusstsein.

Amy Cuddy, Professorin und Forscherin an der Harvard Business School, entdeckte, dass das Ändern der Körperhaltung die Körperchemie beeinflusst und einen positiven Einfluss auf die Leistung und die Wahrnehmung durch andere hat[5]. Führen Sie diese Übung durch, wenn Sie das Gefühl haben, dass Ihnen an irgendeiner Stelle im Leben die Kontrolle entgleitet. Falls Sie irgendwo in der Öffentlichkeit sind, wo das albern aussehen würde (im Bus oder auf dem Weg zum Vorstellungsgespräch), stellen Sie sich vor, wie Sie es tun. Gehen Sie die Übung mental durch. Selbst dies hat eine positive Wirkung.

ÜBUNG
DAS GLEICHGEWICHT VON NEGATIV NACH POSITIV VERLAGERN

Sie müssen natürlich nicht ständig super-optimistisch sein, auch wenn es keinen Grund dazu gibt. Stattdessen sollten Sie lernen, den Fokus auf das Positive zu lenken, wenn Ihnen dies hilft, das gewünschte Ergebnis zu erzielen.

Versuchen Sie 24 Stunden lang, nicht zu jammern, zu kritisieren oder zu tratschen. Wenn Sie sich dabei erwischen (vermutlich öfter, als Sie jetzt glauben), beginnen Sie mental von vorn.

_____

_____

_____

_____

_____

_____

_____

_____

ÜBUNG
DIE QUELLEN DER POSITIVEN ENERGIE

Schreiben Sie alle Leute in Ihrem Leben auf, die Ihnen ein positives Gefühl geben. Was tun sie dafür? Versuchen Sie, mehr Zeit mit ihnen zu verbringen und von ihnen zu lernen. Achten Sie auf die Eigenschaften dieser Personen. Heben Sie die hervor, die Sie auch entwickeln möchten.

Positive Verhaltensweisen und Einstellungen	Name der Person	Name der Person	Name der Person
Grüßt andere mit einem Lächeln			
Lacht viel			
Sagt positive Dinge über andere			
Macht Komplimente			
Tratscht selten			
Spricht mehr über positive als über negative Dinge			
Kritisiert selten			
Ist üblicherweise nicht wertend			
Ist verständnisvoll			

ZUSAMMENFASSUNG

Wir alle eignen uns bestimmte Überzeugungen an, die nicht wahr sind – wie zum Beispiel: »Erfolg bedeutet, dass man die Karriereleiter im Unternehmen hochklettern muss« oder »Ich sollte gut in allen Fächern sein, die ich lerne«. Diese Annahmen können uns daran hindern, das zu tun, was richtig und passend für uns wäre, und unsere Entwicklung behindern. Wenn wir diese veralteten oder ganz einfach falschen Ideen durch solcher ersetzen, die die aktuelle Realität widerspiegeln, steigen die Chancen, dass wir bei der Arbeit, in unseren Beziehungen und im Leben ganz allgemein Erfüllung finden.

Viele Leute sind z. B. überzeugt, dass man sich auf seine Schwächen konzentrieren sollte, um besser zu werden. Dabei ist es eher andersherum: Verstehen und nutzen Sie Ihre Stärken, wenn Sie sich verbessern wollen.

Unsere Stärken sind die Dinge, in denen wir von Natur aus gut sind, die wir gern machen und die uns anregen. Sie sind im Laufe unserer Teenager-Jahre fertig ausgebildet und in unserem Verhalten verankert. Mit anderen Worten: Ddann sind wir, wer wir sind, und ändern uns kaum noch. Wir können neue Fertigkeiten erlernen und Wissen erwerben, aber grundsätzlich bleiben wir unser Leben lang dieselbe Person. Die Dinge, die uns anziehen, die wir nicht lassen können, die wir lieben – sie bleiben unverändert. Sie werden höchstens noch eindringlicher, während wir älter werden.

Unsere Stärken sind der Schlüssel zu Erfolg und Erfüllung. Das ist ein einfaches und vernünftiges Konzept, das uns leider niemand beibringt. Dennoch kann es unser Leben verändern.

DIE KERNPUNKTE:

- Unsere Stärken sind der Weg zu Spitzenleistungen und Erfüllung.
- Wir alle haben Stärken – leider kennen die meisten ihre Stärken nicht, nehmen sie als gegeben hin oder sind unsicher, wie sie sie am besten ausnutzen.
- Seien Sie mehr Sie selbst; Sie müssen nicht anders sein.

TEIL ZWEI

ERKENNEN SIE
IHRE
STÄRKEN

DIESER TEIL BEANTWORTET DIE FOLGENDEN FRAGEN:

- Worin sind Sie von Natur aus gut?
- Was machen Sie besonders gern?
- Wie sieht Ihr Stärken-Profil aus?

WICHTIGE FAKTEN:

Menschen, die ihre Stärken häufiger nutzen, sind:

- selbstbewusster, vitaler und glücklicher.
- belastbarer und weniger anfällig für Stress.
- leistungsfähiger und oftmals besser darin, ihre Ziele zu erreichen.

»Ihre Stärken zu kennen, ändert Ihr Leben auf eine Weise, die Sie sich vermutlich gar nicht vorstellen können. Sie sind von dieser positiven Energie umgeben und das wirkt sich auf alle aus, mit denen Sie in Kontakt kommen, und auf jedes Erlebnis. Es verbessert all Ihre Beziehungen und selbst die Art, wie Sie denken. Es gibt nichts, das davon nicht berührt wird.«

1. WAS IHNEN PSYCHOMETRISCHE TESTS NICHT VERRATEN

Sie haben in der Schule, an der Uni oder der Arbeitsstelle vielleicht schon einmal psychometrische Tests absolviert und fragen sich vielleicht, worin der Unterschied zwischen den Übungen in diesem Buch und solchen Tests besteht. Der große Unterschied besteht darin, dass psychometrische Tests Können und Eignung betrachten, während es bei einer Bewertung der Stärken um das Wollen und die angeborene Motivation geht.

Stellen Sie es sich so vor: Ein psychometrischer Test verrät etwas über das **Können** und eine Stärkenbewertung etwas über den **Willen**.

Wie wir alle wissen, reicht es nicht, etwas nur tun zu können. Um wirklich gut darin zu sein, *muss man es auch tun wollen*.

Was können Ihnen die Übungen in diesem Buch also geben, das Online- oder »Ankreuz-« Stärketests nicht können? Zwei Dinge:

Erstens bringen Sie diese Übungen dazu, gründlich über sich nachzudenken. Wenn wir die Chance dazu bekommen und zu unseren eigenen Erkenntnissen gelangen, berührt uns das tiefer als ein Fragebogen mit vorgegebenen, generischen Antworten. Verstehen Sie mich nicht falsch, die können auch nützlich sein, allerdings sind sie nie ausreichend personalisiert. Und da der ganze Prozess recht passiv ist – Sie füllen den Fragebogen aus und erhalten einen Bericht –, kann man leicht denken: »Oh, das ist interessant« und schaut es dann nie wieder an. Auf lange Sicht spielt dies dann keine Rolle in Ihrem täglichen Leben. Wenn Sie jedoch einen gelenkten Reflexionsprozess durchlaufen, um über Ihre Stärken nachzudenken, dann tun Sie das auf Ihre eigene Weise und mit eigenen Worten. Sie berücksichtigen außerdem die Implikationen und Anwendungen, sodass die Einblicke tiefer gehen und Ihnen länger erhalten bleiben – üblicherweise ein Leben lang!

Der zweite Unterschied zwischen Psychometriken und Stärken-Diagnosen: Wenn Sie eine Liste der Persönlichkeitsmerkmale bekommen, die manchmal das Ergebnis der Persönlichkeitsprofilierung sind, erhalten Sie eine Zusammenfassung der dominanten Denk- oder Präferenzmuster. Das sind nur Hinweise zu Ihren Veranlagungen, die andeuten, dass Sie sich auf eine bestimmte Weise verhalten. Ihre Stärken dagegen sind spezifische Dinge, die Sie wirklich gut und gern machen. Sie gehen über diese allgemeine Einordnung hinaus und betreffen eher das, was wir tagtäglich tun. So könnte ein Persönlichkeitstest zum Beispiel ergeben, dass Sie gewissenhaft sind. Was er nicht aussagt, ist, ob Ihre Stärke darin liegt, besonders gut Dinge organisieren zu können, um Ordnung zu schaffen.

2. IHR STÄRKEN-PROFIL

In diesem Abschnitt werden Sie Einsichten gewinnen und Ihr »Stärken-Profil« entwickeln (Sie finden das auf Seite 142). Sie können es allein benutzen oder mit einem Trainer oder Mentor durcharbeiten. Die Einsichten, die Sie hier gewinnen, helfen Ihnen, bei der Arbeit und im Leben Erfüllung zu finden.

Wenn Sie hier ein bisschen Zeit investieren, können Sie verhindern, dass Sie monate-, jahre- oder gar lebenslang unglücklich in Ihrem Job oder Ihrer Karriere sind! Um hier möglichst viel herauszuholen, tun Sie Folgendes:

- Arbeiten Sie die Übungen in beliebiger Reihenfolge durch. Manche Leute nehmen sie sich von Anfang bis Ende vor, andere springen gern hin und her. Es ist egal.
- Stoppen Sie für eine Weile, falls Ihnen die Energie ausgeht oder Ihnen langweilig wird, und kehren Sie später wieder zurück.
- Falls Sie einen »Schnellstart« zur Motivation haben wollen (oder keine Zeit haben), beginnen Sie mit der ersten Übung.
- Bei einigen Übungen können Sie etwas aufschreiben, zeichnen, darüber sprechen oder eine physische Aktion durchführen. Jeder ist anders, wählen Sie den Modus aus, der am besten zu Ihnen passt! Oder Sie machen einfach alles.

Egal, wie alt Sie sind oder wie Ihre Umstände aussehen – Sie werden hier etwas über sich selbst lernen, das Ihnen immer erhalten bleibt.

Viel Spaß ...

SCHNELLSTART

Falls Sie sofort etwas aus diesem Buch mitnehmen möchten, führen Sie diese fünfminütige Übung durch. Beantworten Sie die drei Fragen so ehrlich wie möglich:

1. Was habe ich letzte Woche gemacht, das ich wirklich gern getan habe und das mich angeregt hat? Listen Sie alle Aktivitäten auf, an die Sie sich erinnern können, auch ganz kurze.

   Zum Beispiel:
   Ich hatte ein tolles Gespräch mit einem neuen Kunden über die Website, die ich für ihn baue. Er mochte einige meiner neuen Ideen. Ich sprang in die Luft vor Freude!

2. Woran liegt es, dass ich diese Dinge so sehr mag?

   Zum Beispiel:
   Ich teile gerne meine kreativen Ideen und mag es, wenn meine Kunden begeistert sind.

   Ich arbeite gern im Team, damit neue Ideen entstehen.

   Ich kenne gern den nächsten Schritt, weil sich das anfühlt, als würde man Fortschritte machen.

Ich habe gern das Gefühl, dass ich gute Arbeit mache und dass meine Leistung anerkannt wird.

3. Listen Sie alle Stärken auf, die Sie in den genannten Aktivitäten genutzt haben, und nennen Sie die drei, die Ihnen am meisten gegeben haben.

   Zum Beispiel:
   Ich bin gut beim Erklären/Teilen/Lehren meiner Ideen.

   Ich beflügele Menschen und Projekte, und meine Arbeit gewinnt an Schwung und geht voran – es sei denn, Faktoren außerhalb meiner Kontrolle verkomplizieren das!

   Die Leute fühlen sich motiviert und angeregt, nachdem sie mit mir über das Projekt geredet haben. Ich inspiriere sie.

   Ich rege zu Ideen an – mein Motto: »Zwei Köpfe sind besser als einer!« Oft sagen die Leute, dass ich sie motiviere, etwas Neues zu denken, oder dass sie sich besser/klarer fühlen, nachdem sie mit mir gesprochen haben.

   Ich verstehe schnell, was Leute brauchen/online zeigen wollen, und kann es meist umsetzen.

   Ich bin gut darin, Projekte in der Spur zu halten, weil ich organisiert und gewissenhaft bin.

Falls Sie eine eher visuelle Person sind, können Sie Ihre Antworten auch zeichnen oder in einer Collage mit Bildern ausdrücken.

Alternativ können Sie auch eine Tonaufnahme machen oder mit einem Freund/Kollegen darüber reden.

Sind Sie eine eher körperliche Person, dann stellen Sie sich drei Quadrate auf dem Boden vor, die diese drei Fragen repräsentieren. Stellen Sie sich beim Beantworten der Fragen in das jeweilige Quadrat. Im dritten Quadrat – das ihre »stärksten Stärken« darstellt – nehmen Sie eine Haltung an, die das Wesen dieser Dinge ausdrückt. Schreiben Sie anschließend auf, wie das für Sie war.

IHR PROFIL

Beim Durcharbeiten der folgenden Abschnitte werden Sie Ihr Stärken-Profil erarbeiten. Falls Sie es in einem ordentlichen Format sehen wollen, füllen Sie auf Seite 142 die Vorlage »Mein Stärken-Profil« aus. Sie können diese dann kopieren und ganz nach Belieben nutzen.

3. WAS MACHEN SIE WIRKLICH GERN?

Ein Hinweis beim Entdecken unserer Stärken ist, dass es normalerweise Dinge sind, die wir wirklich gern machen.

Denken Sie an die Dinge, die Sie mit Begeisterung erfüllen, auf die Sie sich freuen, die Sie anregen, die Sie immer als erstes erledigen.

Falls Sie Probleme haben, allzu viele Dinge aufzuschreiben, denken Sie an eine aktuelle Situation, die Sie wirklich erfreulich oder lohnenswert fanden. Sie waren vielleicht glücklich oder zufrieden mit sich selbst. Zum Beispiel hatten Sie möglicherweise Freude daran, auf einer Party neue Leute kennenzulernen, jemanden im Krankenhaus zu besuchen oder allein an einem besonders spannenden Projekt zu arbeiten.

Es könnte alles mögliche sein, egal wie klein es erscheint. Falls Sie es gern gemacht haben, schreiben Sie darüber. Hier sind einige Beispiele zur Unterstützung:

Dinge, die ich gern gemacht habe	Warum hat mir das Spaß gemacht?	Wie war das?
Bei einem älteren Nachbarn sitzen, um seine Frau zu entlasten	*Ich helfe Menschen gern aus und ich kümmere mich gern um sie.*	*Ich war glücklich zu helfen, es hat sich gelohnt und ich fühlte mich gut.*
Konnte jemanden dazu gewinnen, mein Projekt zu unterstützen	*Ich erreiche gern etwas und bin auch konkurrenzbewusst, möchte also gern »gewinnen«.*	*Ich war wirklich begeistert, und zwar für eine richtig lange Zeit.*

Falls Sie eher visuell orientiert sind, zeichnen Sie etwas auf oder stellen Sie eine Collage aus passenden Bildern her.

Oder falls Sie eher körperlich aktiv werden, zeichnen Sie drei (echte oder imaginäre) ineinander liegende Kreise auf den Boden. Der äußerste steht für die Dinge, die Ihnen Spaß machen. Stellen Sie sich hinein und denken Sie an diese. Sie können sie auch laut aussprechen. Im zweiten Kreis fragen Sie sich, was ihnen daran Freude gemacht hat. Im innersten Kreis erforschen Sie, wie das war. Nehmen Sie eine Haltung ein, die Ihr Gefühl ausdrückt.

4. WOMIT FÜHLEN SIE SICH STARK?

Ich möchte diesem Abschnitt eine schnelle These voranstellen. Unsere Stärken sind Dinge, mit denen wir uns stark fühlen, wenn wir sie tun. Etwas, mit dem Sie sich schwach fühlen, ist im Gegensatz dazu eine gute Definition von Schwäche.

Schreiben Sie – ohne groß darüber nachzudenken –, so viele Aktivitäten wie möglich auf, bei denen Sie sich stark und beflügelt fühlen:

MEIN BESTES ICH

Denken Sie daran, wann Sie am besten waren. Dazu gehören Erinnerungen an Ihr Privatleben ebenso wie Erlebnisse aus Arbeit, Studium, Sport oder Hobbys. Einfach alles. Denken Sie zum Beispiel an Gelegenheiten, bei denen Sie:

- sich vollkommen präsent und lebendig gefühlt haben.
- sich wirklich treu waren.
- das Gefühl hatten, Ihr Potenzial zu erfüllen.
- ein tiefes Gefühl der Zufriedenheit erlebt haben.
- ein lebhaftes, unvergessliches Hoch erlebt haben.

Notieren oder zeichnen Sie etwas über diese Situationen.

Beantworten Sie nun Fragen darüber, wann das passiert ist.

- Was haben Sie genau gemacht?

  _____

  _____

  _____

  _____

- Wie war das?

  _____

  _____

  _____

  _____

- Gibt es Gemeinsamkeiten zwischen diesen Gelegenheiten?

  _____

  _____

  _____

  _____

5. ERKENNEN SIE IHRE STÄRKEN

Betrachten Sie die Stärken in der Tabelle und fragen Sie sich, ob diese genau wie Sie, ein bisschen wie Sie oder überhaupt nicht wie Sie sind. Setzen Sie bei jeder Stärke ein Häkchen in das passende Feld. Stellen Sie sich selbst beim Antworten in verschiedenen Szenarien und Umständen vor (zuhause, bei der Arbeit, in der Schule oder Universität oder in Ihrer Freizeit).

Stärke	Genau wie ich	Ein wenig wie ich	Gar nicht wie ich
Ich trage gern die Verantwortung: Ich möchte von Natur aus in jeder Situation immer die Führung übernehmen.			
Ich bin sehr konkurrenzbetont: Es ist wichtig für mich, immer die Beste zu sein.			
Ich habe viel Schwung: Ich bin erst zufrieden, wenn ich erreichen konnte, was ich mir vorgenommen habe.			
Es ist mir sehr wichtig, das Richtige zu tun: Ich bin der Typ von Person, die etwas sagt oder Risiken eingeht, wenn etwas nicht stimmt.			

Stärke	Genau wie ich	Ein wenig wie ich	Gar nicht wie ich
Ich bin ehrlich und direkt: Man weiß, woran man bei mir ist.			
Ich bin von Natur aus optimistisch: Ich gehe meist davon aus, dass alles gut wird.			
Ich lerne mit großer Begeisterung: Ich suche ständig nach Gelegenheiten, mich weiterzuentwickeln.			
Ich liebe es, andere auszubilden: Es bereitet mir Befriedigung, wenn andere sich weiterentwickeln und ihr Potenzial erkennen.			
Ich erkenne instinktiv die Bedürfnisse anderer: Ich merke schnell, wenn mit jemandem etwas nicht stimmt und kann mich gut in andere hineinversetzen.			
Ich sorge mich um Menschen: Das Wohlergehen anderer ist mir wirklich wichtig.			
Ich knüpfe gern Verbindungen: Ich bringe gern Menschen zu deren gegenseitigem Vorteil zusammen.			
Ich treffe gern Entscheidungen: Ich mag es, Optionen abzuwägen und den besten Weg auszuwählen.			
Ich kann gut Daten und Situationen analysieren: Ich mag die Herausforderung von komplexen und manchmal unvollständigen Informationen.			
Mir fallen immer neue Wege ein, etwas zu tun: Kreatives Denken liegt in meiner Natur.			

Stärke	Genau wie ich	Ein wenig wie ich	Gar nicht wie ich
Ich bin gut beim Lösen von Problemen: Ich mag es, Lösungen für Probleme und Herausforderungen zu finden.			
Ich habe sehr hohe Standards: Ich strebe immer nach Spitzenleistungen.			
Ich arbeite gern mit meinen Händen: Ich ziehe große Befriedigung aus praktischen Aufgaben.			
Es regt mich an, mit anderen zu arbeiten: Ich arbeite gern in einem Team mit anderen.			
Ich bin diszipliniert: Ich organisiere gern alles, um Termine einzuhalten.			
Ich bin eine sehr positive Person: Ich sehe meist das Beste in Dingen und Leuten.			

Welche dieser Stärken haben Sie als »Genau wie ich« gekennzeichnet? Welche von diesen entsprechen Ihnen am MEISTEN? Schreiben Sie sie auf der nächsten Seite auf und fügen Sie auch solche Stärken hinzu, die nicht auf der Liste stehen. Schauen Sie sich außerdem an, was Sie in den vorherigen Übungen aufgeschrieben haben. Auch dies sind Informationen über Ihre Stärken.

Meine größten Stärken:

Je öfter Sie sich Ihren Fähigkeiten und Stärken entsprechend verhalten, umso glücklicher werden Sie sein.

Stellen Sie sich diese Fragen und notieren Sie die Antworten:

- Wie häufig nutze ich meine Stärken?

  _____

  _____

  _____

  _____

- Welche Menschen und Situationen bringen meine Stärken wirklich zum Vorschein?

  _____

  _____

  _____

  _____

- Könnte ich etwas ändern – auch wenn es nur wenig ist –, um mehr Zeit für den Einsatz meiner Stärken zu haben?

  _____

  _____

  _____

6. BESTÄTIGEN SIE IHRE STÄRKEN

Falls Sie sich unsicher sind, ob Sie Ihre wahren Stärken identifiziert haben, prüfen Sie dies mit diesem Test. Stellen Sie sich im Zusammenhang mit Ihren Stärken die folgenden Fragen:

Enthusiasmus
- Freuen Sie sich meistens, [Name der Stärke] zu sein oder zu tun?
- Erfüllt Sie das mit Begeisterung?
- Ist es etwas, das Sie nicht aufschieben?
- Fällt es Ihnen leicht?
- Würden Sie diese Stärke/Aktivität öfter nutzen, wenn Sie könnten?

Erfolg
- Glauben Sie, dass Sie gut darin sind?
- Haben andere Menschen gesagt, dass Sie gut darin sind?
- Wurden Sie für diese Stärke oder das, was Sie durch sie erreicht haben, gelobt oder anerkannt?

Leichtigkeit

- Denken Sie, dass Ihnen das ziemlich leicht fällt?
- Haben Sie sich gefragt, wieso es anderen viel schwerer fällt als Ihnen?
- Sind Sie immer schon so gewesen?
- Fühlt es sich für Sie natürlich an?

Falls Sie die meisten dieser Fragen mit Ja beantwortet haben, ist es ziemlich wahrscheinlich, dass die fragliche Stärke tatsächlich eine Ihrer angeborenen, natürlichen Stärken ist. Es gibt kein »richtiges Ergebnis«. Ihre Antworten sollten Ihr instinktives »Bauchgefühl« widerspiegeln, dass dies ein Teil Ihres wahren Ichs ist.

7. WAS DENKEN ANDERE?

Es ist immer interessant, wie andere Menschen uns und unsere Stärken sehen. Wenn wir mit anderen sprechen, entdecken wir manchmal Dinge über uns, die uns gar nicht bewusst waren.

Wir fragen Freunde oder Kollege nicht oft, worin wir ihrer Meinung nach gut sind. Das könnte nämlich nach Effekthascherei klingen, und das ist uns unangenehm. Lassen Sie sich dennoch nicht davon abbringen. Die meisten Leute helfen nämlich gern, vor allem, wenn Sie erklären, wozu das gut ist.

Erzählen Sie guten Bekannten, dass Sie diese Übung machen, zeigen Sie ihnen Ihre größten Stärken und fragen Sie sie, ob sie Ihrer Einschätzung zustimmen. Fragen Sie außerdem, ob Sie möglicherweise andere natürliche Stärken übersehen haben.

Wählen Sie dann einige Leute aus, die Ihrer Meinung nach gern Zeit dafür aufwenden würden – Arbeitskollegen, ein Partner, Familienmitglieder, Freunde. Bitten Sie sie, ihre Gedanken schriftlich festzuhalten – das gibt ihnen Zeit zum Nachdenken –, und nicht schnell »aus dem Bauch heraus« zu antworten.

Wenn Sie nach der Übung Ihr Profil auf Seite 142 aufgeschrieben haben, lesen Sie das Feedback der anderen und fügen Sie alle neuen Einsichten hinzu.

Sie könnten den anderen Leuten solche Fragen über Ihre persönlichen Stärken stellen:

- Eine der Methoden, mit denen ich einen wertvollen Beitrag (zu Arbeit, Familie, Freundeskreis) leiste, ist _____

  _____

  _____.

- Erinnerst Du Dich an eine Situation, die das verdeutlicht?

  _____

  _____

- Was glaubst Du, worin ich von Natur aus gut bin?

  _____

  _____

- Was begeistert mich Deiner Beobachtung nach?

  _____

  _____

Vervollständigen Sie nun auf Seite 142 Ihr Stärken-Profil mithilfe der Einsichten, die Sie über sich selbst bisher gewonnen haben. Zur Unterstützung gibt es ein Beispiel *(von Joe Bloggs auf S. 139)*.

8. ABNEIGUNGEN UND SCHWÄCHEN

Es ist vielleicht seltsam, wenn Sie in einem Buch über Stärken nach Dingen gefragt werden, die Sie nicht gerne machen. Dennoch ist es wichtig, darüber nachzudenken, damit der Gegensatz zwischen dem, was gut zu Ihnen passt, und allem anderen klarer wird.

Denken Sie an all das, was Sie wirklich nicht gerne tun. Was ermüdet Sie, bleibt immer am Ende Ihrer To-do-Liste stehen, macht Sie fertig, wenn Sie nur daran denken?

Für manche Menschen könnte es das Sortieren von Dingen, das Durcharbeiten einer Tabelle oder das Kennenlernen neuer Leute sein. Andere hassen es zu schreiben, Ziele zu erreichen oder Regeln zu befolgen. Es ist in Ordnung, wenn man nicht alles mag. Wir sind alle verschieden. Denken Sie also nicht daran, wie Sie möglicherweise sein *sollten*, und machen Sie sich keine Sorgen, was jemand denken könnte, der dies liest. Schreiben Sie es einfach auf der nächsten Seite nieder.

Schreiben Sie Dinge (möglichst alle) auf, die Sie nicht gern tun.

Die Dinge, die wir nicht gern machen, sind oft auch unsere Schwächen.

Wir ALLE haben Schwächen. Wir wären sonst nicht menschlich. Einige unserer Schwächen beeinflussen vielleicht unseren Job oder unsere Studien, andere dagegen nicht.

Denken Sie über die Bereiche nach, in denen Sie Schwächen haben.

Schreiben Sie Ihre Schwächen (möglichst alle) auf.

Markieren Sie nun alle, die *wirklich wichtig für Sie sind*. Vielleicht sind sie es, weil sie Ihre Arbeit beeinflussen oder Probleme im persönlichen Leben verursachen. Falls Sie zum Beispiel kein guter Zuhörer sind und Ihre Kinder daher glauben, es sei Ihnen egal, was sie sagen, könnten Sie daran arbeiten. Oder falls Datenanalyse zu Ihren Aufgaben gehört, Sie das aber nicht gut beherrschen, könnten Sie versuchen, sich zu verbessern oder einen Kollegen bitten, Ihre Arbeit zu überprüfen.

Schwächen lassen sich nicht in Stärken verwandeln. Mit etwas Mühe können Sie jedoch »gut genug« bei etwas werden, das Ihnen wichtig ist, selbst wenn es laut Definition eine »Schwäche« bleibt.

9. ÜBERTRIEBENE STÄRKEN

Unsere Stärken sind unser Kapital. Manchmal können sie jedoch zu Schwächen werden oder uns aus dem Konzept bringen, falls wir es übertreiben. So könnte jemand, der gut beim Analysieren von Situationen ist, als jemand gelten, der alles immer soweit zerpflückt, dass es übermäßig negativ wirkt.

Welche Ihrer Stärken übertreiben Sie manchmal, sodass sie zu Schwächen werden und Ihnen oder anderen Probleme bereiten?

Zu merken, wenn wir unsere Stärken übertreiben, bewahrt uns in zweierlei Hinsicht vor Problemen:

1. Sie sind sich dessen bewusster, sodass es Sie nicht behindert.

2. Sie können es anderen sagen, damit diese Ihr Tun nicht als negativ wahrnehmen. Dadurch verstehen sie Ihre Intentionen besser und werden nicht genervt oder verärgert.

Schreiben Sie alle übertriebenen Stärken auf, die zu Schwächen werden können:

MEIN STÄRKEN-DIAGRAMM

Wir haben uns Ihre Stärken angeschaut und vermutlich waren Sie sich einiger von ihnen bereits bewusst.

Wir haben Schwächen untersucht und übertriebene Stärken betrachtet. Dies alles in einer grafischen Übersicht zu vereinen, ist der nächste logische Schritt. Sie könnten sich das »Stärken-Diagramm« über Ihren Schreibtisch hängen, um sich daran zu erinnern, diese Stärken zu schützen ... und als Motivation für schlechte Tage.

Füllen Sie die Kästchen aus – mit Worten oder Bildern.

Sie sehen, hier ist viel Platz für die Stärken. Sie haben sicher erkannt, dass es am besten ist, wenn wir uns auf die Stärken konzentrieren. Denken sie daran, Sie können nur dann brillieren, wenn Sie auf Ihre Stärken setzen, und nicht, wenn Sie versuchen, Ihre Schwächen zu beheben.

Verwirklichte Stärken	Zuvor unerkannte Stärken
Stärken, die ich manchmal übertreibe	**Schwächen**

Probieren Sie es nach dem Ausfüllen des Diagramms mit folgender Übung: Stellen Sie sich vor, das Diagramm mit den vier Rechtecken liegt auf dem Boden. Stellen Sie sich nacheinander mit geschlossenen Augen für ein paar Minuten in jedes davon. Gehen Sie von den Schwächen zu den übertriebenen Stärken, dann zu den zuvor unerkannten und schließlich zu den verwirklichten Stärken.

Berühren Sie mental die Dinge, die Sie in die jeweiligen Vierecke geschrieben haben. Beantworten Sie dann diese drei Fragen:

Wie fühlt sich das an?

_____

_____

_____

Haben die einzelnen Vierecke unterschiedliche Wirkungen auf Sie?

_____

_____

_____

Worin besteht dieser Unterschied?

_____

_____

_____

Vermutlich fühlen Sie sich nicht besonders toll, wenn Sie über Ihre Schwächen oder die übertriebenen Stärken nachdenken. Im Gegensatz dazu ist es toll, an die Stärken zu denken. Sie lächeln möglicherweise und fühlen sich erfrischt und euphorisch. Vielleicht ändert sich sogar Ihre Körperhaltung.

Nachdem Sie nun konzentriert über Ihre Stärken nachgedacht haben, sollten Sie sich recht gut fühlen. Jetzt haben Sie eine Wahl. Falls Sie mehr über sich selbst lernen und ein paar Übungen absolvieren wollen, mit denen Sie etwa Ihre Werte erkunden, blättern Sie zu Seite 120. Möchten Sie dagegen lernen, Ihre Stärken auf die verschiedenen Bereiche Ihres Lebens anzuwenden, gehen Sie zu Seite 82.

Vervollständigen Sie nun auf Seite 142 Ihr Stärken-Profil mithilfe der Einsichten, die Sie bisher über sich gewonnen haben.

ZUSAMMENFASSUNG

Ihre Stärken zu kennen, kann Ihr Leben ändern. Wenn Ihnen einmal klar ist, worin Sie von Natur aus gut sind und was Sie gern machen, wird es viel einfacher, Entscheidungen über Ihre Karriere oder Ihr Studium zu treffen. Außerdem gibt Ihnen das einen enormen Schub für Ihr Selbstbewusstsein.

Sie haben nun ein Stärken-Profil, das Sie nach einigem Nachdenken selbst geschrieben haben. Das Profil auf Seite 142 beschreibt in Ihren eigenen Worten ganz hervorragend Ihr wahres Ich.

TEIL DREI

IHRE STÄRKEN ENTWICKELN

»Ihr Stärken sind das Beste an Ihnen. Sie betonen das, was großartig an Ihnen ist. Sie entwickeln sich vor allem in den Bereichen Ihrer Stärken weiter.«

Es ist zwar wichtig, Ihre Stärken zu kennen, aber es reicht nicht. Um so effektiv und erfüllt wie möglich zu sein, müssen Sie Ihre Stärken auch tatsächlich auf Ihr Leben *anwenden*.

Dieser Abschnitt beantwortet folgende Fragen:

- Wie können Sie Ihre Stärken weiterentwickeln?
- Was können Sie in Bezug auf Ihre Schwächen tun?
- Wo kommen Ihre Fertigkeiten und Ihr Wissen ins Spiel?

WICHTIGE FAKTEN

- Die häufigste Antwort auf die Frage »Warum haben Sie Ihren aktuellen Job angenommen?« lautet: »Weil es eine tolle Chance war, mehr von dem zu tun, was ich gerne mache.« »Mehr Geld« kommt gleich auf dem zweiten Platz.
- Bei der Frage nach ihrem Idealjob antworten etwa 60% der Arbeitnehmer, dass es entweder das ist, was sie gerade machen, nur mit mehr Verantwortung, oder ein Teil dessen, was sie gerade tun.
- Ungefähr 50% sagen, dass sie etwa einmal pro Woche ein emotionales Hoch an der Arbeit spüren (ein Zeichen, dass sie ihren Stärken entsprechend handeln)[6].

Dies legt nahe, dass es Menschen gibt, die in ihren Jobs wenigstens zeitweise ihre Stärken nutzen. Ist das bei Ihnen in Ihrer aktuellen Position ebenfalls so? Falls es so ist, wollen Sie eine Möglichkeit finden, den Anteil zu steigern? Falls es nicht so ist, möchten Sie dann Hilfe haben, um Ihre Stärken zu finden und effektiver einzusetzen? Dieser Abschnitt hilft Ihnen dabei.

WAS PASSIERT, WENN SIE IHRE STÄRKEN KENNEN?

Wenn Menschen klar wird, wo ihre Stärken liegen, werden sie aufgrund dieses Wissens oft motivierter und ausgeglichener. Das Wissen um unsere Stärken erlaubt es uns, deutlicher zu verstehen, weshalb wir in bestimmten Situationen glücklich sind und in anderen nicht. Und das ermöglicht es uns, diese Situationen bewusst zu suchen. Die Beispiele auf Seite 16 zeigen das.

1. WOZU IHRE STÄRKEN ENTWICKELN?

Wir entwickeln uns auf den Gebieten, auf denen unsere Stärken liegen, besser weiter, weil es biologisch gesehen deutlich schwieriger ist, neue synaptische Verbindungen im Gehirn herzustellen. Das Gehirn wird besser, wenn die Synapsen bereits stark sind.

Die Herausforderung besteht darin, unsere Stärken öfter einzusetzen. Dazu müssen wir Stärken aufdecken, derer wir uns nicht bewusst sind, diese Stärken weiterentwickeln und die notwendigen Fertigkeiten und Kenntnisse hinzufügen, damit unsere Fähigkeiten und Arbeitszufriedenheit zunehmen.

Wir alle haben Schwächen. Schließlich sind wir menschlich und können nicht überall gut sein. Entscheidend ist, dass wir unsere Aufmerksamkeit auf die Schwächen richten, die uns am meisten beeinträchtigen, und deren Einfluss minimieren.

Sie sollen die Schwächen nicht ignorieren, aber wie wir gesehen haben, bieten sie nicht das größte Wachstumspotenzial.

Ein Fokus auf Ihre Stärken bedeutet, dass Sie bewusst danach streben, die beste Version Ihrer selbst zu werden.

2. IHRE STÄRKEN ENTWICKELN - ABER WIE?

Es ist nicht besonders kompliziert, unsere Stärken zu entwickeln, und wir setzen dabei sogar noch Energie frei. Im Gegensatz dazu kann es sehr belastend sein, wenn wir versuchen, unsere Schwächen zu beheben.

Hier ist eine einfache Strategie zum Weiterentwickeln Ihrer Stärken:

Bewusstsein – Seien Sie sich Ihrer Stärken bewusst. Bitten Sie andere um Feedback, um auch verborgene Stärken zu entdecken.

Anwendung – Denken Sie darüber nach, wo und wie oft Sie Ihre Stärken im Leben anwenden.

Verstärken – Wie und wann könnten Sie die Nutzung Ihrer Stärken steigern?

Erweitern – Ihre Stärken sind das »Rohmaterial«, aus dem Sie bestehen. Sie brauchen außerdem noch Wissen und Fertigkeiten.

Wir sprechen später in diesem Abschnitt noch darüber, wie Sie diese Strategie auf verschiedene Bereiche Ihres Lebens anwenden.

3. WIE DIE STÄRKEN ZUSAMMEN- ARBEITEN

Stärken wirken nicht isoliert und für sich allein. Sie arbeiten zusammen. Und damit bringen sie Schwung in alles, was wir tun.

Wie wir zum Beispiel weiter vorn gesehen haben, wird eine Krankenschwester, deren Stärken darin liegen, sich um andere zu kümmern, hohe Maßstäbe anzulegen und etwas zu bewegen, sich dafür einsetzen, was richtig ist, auch wenn sie von Natur aus keine energische Person ist. Die Kombination ihrer Stärken sorgt ganz einfach dafür, dass sie nicht anders kann. Das zeigt, wie wichtig es ist, die Stärken als ein Ganzes zu betrachten und nicht nur individuell.

Ein anderes Beispiel könnte ein Verkäufer sein, der sehr wettbewerbsorientiert und entschlossen ist, unbedingt seine Ziele erreichen möchte und nach Rückschlägen schnell wieder nach vorn blickt. Sie erkennen, dass diese Stärken dafür sorgen dass er motiviert bleibt, seine Ziele zu erreichen und nicht aufzugeben, auch wenn Kunden ihm ablehnend gegenüberstehen.

Wie wirken Ihre Stärken zusammen, um Ihre Leistung anzukurbeln?
Machen Sie sich hierzu Notizen.

4. WIE STÄRKEN SCHWÄCHEN ABMILDERN

Wir können unsere Stärken nutzen, um unsere Schwächen abzumildern oder auszugleichen. Hier ist ein Beispiel: Stellen wir uns vor, Sie seien nicht besonders gut bei der Datenanalyse, müssen aber jeden Monat für Ihre Arbeit eine wichtige Tabelle ausfüllen. Falls Entschlossenheit und der Wille, das Richtige zu tun, zu Ihren Stärken gehören, dann werden Sie dadurch motiviert, die Tabelle so gut wie möglich vorzubereiten und vielleicht einen Kollegen zu bitten, sie zu überprüfen.

Ein anderes Beispiel: Sie sind vielleicht keine besonders gut organisierte Person, aber haben hohe Standards und wollen immer das Richtige machen. Diese Stärken helfen Ihnen dabei, ausreichend organisiert zu bleiben, sodass dies nicht zu einem Problem wird.

Unsere Stärken können uns also helfen, unsere Schwächen abzumildern und gangbare Wege zu finden, um die Schwächen auszugleichen.

5. FERTIGKEITEN UND WISSEN

Unsere Stärken sind unser Rohmaterial. Wir brauchen außerdem Wissen und Fertigkeiten, um unsere Arbeit gut und besser zu erledigen. Wir mögen zum Beispiel gut im Schreiben sein, müssen aber die Fertigkeiten und Techniken des Bearbeitens von Texten verstehen, um ausgezeichnete Arbeiten abzuliefern.

In einem anderen Beispiel könnte jemand die natürlichen Stärken haben, um als Barista in einem Café zu arbeiten – er ist gesellig und arbeitet gern mit anderen Menschen zusammen. Allerdings kann er nur dann wirklich gut in seinem Job werden, wenn er bereit ist, alles über Kaffee und die Zubereitung eines perfekten Heißgetränks zu lernen.

Ihr Wissen und Ihre Fertigkeiten sind die Eintrittskarte, aber erst Ihre Stärken führen zu wahrer Größe.

6. IHRE STÄRKEN IN VERSCHIEDENEN BEREICHEN DES LEBENS NUTZEN

Dieser Abschnitt beantwortete folgende Fragen:

- Wie können Sie das Wissen über Ihre Stärken bei der Arbeit oder beim Studium nutzen?
- Wie können Sie Ihre Stärken anwenden, um positive Beziehungen aufzubauen?
- Wie können Sie Ihre Stärken für einen glücklichen Ruhestand einsetzen?

Wenn Sie Stärken verstanden haben, können Sie sie in allen Situationen Ihres Lebens anwenden. Wir schauen uns gleich an, wie das geht.

Beginnen wir mit etwas, das vermutlich für uns alle gilt – mit dem Einsatz von Stärken zum Aufbau Ihrer persönlichen Wirkung.

Wir haben bereits darüber gesprochen, dass Sie:

- verstehen, wie Ihre kombinierten Stärken Sie noch effektiver bei dem machen, was Sie tun.

- Ihre Stärken benutzen, um Ihre Schwächen abzumildern.
- Ihre Kernstärken weiterentwickeln.
- Ihre Stärken um Wissen und Fertigkeiten ergänzen, um Ihre Fähigkeiten auszubauen.

Sie können aber noch mehr tun.

Es ist einfach, sich der Stärken zu erinnern und sie bewusst einzusetzen. Auf diese Weise maximieren Sie Ihren Einfluss, indem Sie sicherstellen, dass Sie Ihre Stärken oft und gut nutzen.

Hier sind noch ein paar weitere einfache Dinge:

- Hängen Sie sich Ihr Stärken-Profil über den Schreibtisch.
- Blicken Sie jeden Freitag auf die vergangene Woche zurück und überlegen Sie, wann Sie Ihre Stärken eingesetzt haben – in welchen Situationen und wie oft. Notieren Sie das. Sie könnten ein »Stärken-Tagebuch« beginnen.
- Denken Sie abends als letztes oder morgens als erstes darüber nach, wofür Sie am vergangenen Tag dankbar waren. Einiges davon könnte mit Ihren Stärken zusammenhängen, anderes eher nicht. Mit dieser Übung fokussieren Sie sich auf das Positive.

Wenn Sie an Ihre Stärken denken, wird es einfacher, sie bewusst und zielgerichtet einzusetzen, und Sie fühlen sich noch stärker. Sie werden unweigerlich selbstbewusster.

Immer an Ihre Stärken zu denken und sie aktiv weiterzuentwickeln, ist entscheidend, wenn Sie Ihre persönliche Wirkung steigern wollen. Außerdem hilft dies in schwierigeren Situationen.

7. DIE VIERFACH-STRATEGIE

Die Vierfach-Strategie hilft Ihnen, Ihre Stärken weiterzuentwickeln und das meiste aus ihnen herauszuholen.

a. **Bewusstsein.** Denken Sie darüber nach, wo im Leben Sie Ihre Stärken einsetzen. Lassen Sie sich von anderen dabei helfen – schließlich könnten sie Stärken sehen, die Sie selbst nicht erkennen. (Schreiben Sie Ihre Notizen in den Kasten …)

b. Anwendung. Fragen Sie sich nun, wie genau Ihre Stärken Ihnen helfen. Seien Sie so spezifisch wie möglich.

c. **Verstärken.** Denken Sie nun darüber nach, wo Sie Ihre Stärken noch einsetzen könnten – unter welchen Umständen, mit wem und wann.

d. Erweitern. Unsere Stärken sind das »Rohmaterial«, das uns zu dem macht, was wir sind. Wir brauchen aber auch Wissen und Fertigkeiten, um bestimmte Dinge gut zu machen. Welche Fertigkeiten und Kenntnisse müssen Sie erwerben, um das meiste aus Ihren Stärken herauszuholen?

ZUSAMMENFASSUNG

Kennen wir unsere Stärken erst einmal, können wir sie bewusster und vielseitiger einsetzen. Neue Kenntnisse und Fertigkeiten helfen uns dabei, unsere Fähigkeiten zu verbessern.

TEIL VIER

WENDEN SIE IHRE STÄRKEN AN

DIESER ABSCHNITT BEANTWORTET FOLGENDE FRAGEN:

- Warum und wie informieren Sie andere über Ihre Stärken?
- Wie können Ihre Stärken Ihnen in praktischer Hinsicht helfen?
- Wie können Sie Ihre Stärken bei der Arbeit, im Leben und in Ihren Beziehungen anwenden?

WICHTIGE FAKTEN

- Menschen, die ihre Stärken jeden Tag anwenden, haben eine sechsmal höhere Wahrscheinlichkeit, sich bei der Arbeit ernstgenommen zu fühlen[7].
- Glückliche Paare konzentrieren sich auf die Stärken des jeweils anderen[8].
- Kinder lernen und entwickeln sich besser, wenn sie ihre Energie auf das richten, was sie »können«, statt auf das, womit sie Probleme haben[7].

ANDEREN IHRE STÄRKEN SIGNALISIEREN

Es gibt verschiedene Gründe, weshalb es wirklich hilfreich ist, wenn man andere über seine Stärken in Kenntnis setzt – wenn wir mit anderen Leuten zusammenarbeiten, ist es gut zu wissen, welchen Beitrag jeder leisten kann. Man erspart sich außerdem Missverständnisse in der Kommunikation.

Die Menschen neigen dazu, andere nach ihrem Verhalten zu beurteilen. Mehr bleibt ihnen erst einmal nicht übrig, solange sie die Intentionen und Stärken der anderen nicht kennen. Wir beurteilen uns selbst nach unseren Motivationen und Intentionen, andere dagegen nach ihrem Verhalten. Und so kann es passieren, dass wir ihre Aktionen falsch interpretieren, wenn wir deren Intentionen nicht kennen.

Falls Sie sich zum Beispiel wirklich für Leute interessieren, werden Sie wahrscheinlich eine Menge Fragen stellen. Das kann den anderen so vorkommen, als würden Sie sie verhören. Damit sie nicht genervt sind, können Sie etwas sagen wie: »Ich hoffe, es stört Sie nicht, dass ich so viel frage. Ich bin neugierig und interessiere mich unglaublich für das Leben anderer Menschen.« Dies enthüllt Ihre Intention und hilft Ihnen, Missverständnisse zu vermeiden.

1. PLANEN SIE, IHRE STÄRKEN IM ALLTAG EINZUSETZEN

Die meisten Menschen schaffen eher etwas, wenn sie es bewusst planen. Das ist bei den Stärken nicht anders. Ein »Stärken-Wochenplan« hilft Ihnen, die Stärken immer ganz vorn in Ihren Gedanken zu halten, und macht es wahrscheinlicher, dass wir sie auch nutzen. Außerdem unterstützt er uns dabei, Dinge zu erledigen, die wir für schwierig halten.

Listen Sie in der Tabelle auf der anderen Seite die wichtigsten Dinge auf, die in der kommenden Woche getan werden müssen. Denken Sie ernsthaft darüber nach:

a) Welche meiner Stärken werden mir helfen?
b) Was wird mir noch helfen?
c) Gibt es jemanden, der mir helfen könnte?

Denken Sie am Ende eines Tages oder einer Woche darüber nach, wie gut das geklappt hat und was Sie beim nächsten Mal besser machen könnten. Nutzen Sie das Beispiel als Vorbild.

Aktivitäten in dieser Woche	Welche meiner Stärken helfen mir	Wie	Reflexion
Projektmeeting	Organisieren, Gewissenhaftigkeit, Verantwortung übernehmen, etwas bewegen wollen	Wir haben viel zu tun, sodass ich einen Plan aufstellen und rechtzeitig herumschicken werde. Ich werde vorschlagen, das Meeting zu leiten.	Ich habe das verschleppt.

2. NUTZEN UND ENTWICKELN SIE IHRE STÄRKEN BEI DER ARBEIT

»Es ist egal, was der Job ist – wenn Sie die richtige Person dafür sind, dienen Sie anderen und sich selbst."

Wenden wir die Vierfach-Strategie von Seite 76 an, um Ihre Stärken bei der Arbeit einzusetzen und weiterzuentwickeln:

a. **Bewusstsein**. Denken Sie darüber nach, wo Sie Ihre Stärken in Ihrer aktuellen Rolle einsetzen. Fragen Sie auch Mitarbeiter oder Freunde, da diese Stärken sehen könnten, wo Sie dies nicht tun. Notieren Sie das. Die kursiven Sätze sind Beispiele.

Ich lerne gern neue Leute kennen. So kann ich Mitstreiter an Bord holen, wenn wir neue Projekte starten. Mir fällt es auch leicht, bei Veranstaltungen potenzielle Kunden anzusprechen.

b. Anwendung. Fragen Sie sich nun, wie genau Ihre Stärken Ihnen helfen. Seien Sie so spezifisch wie möglich.

> *Ich rede mit den Leuten, stelle ihnen Fragen und wir spüren, wie eine Verbindung entsteht. Wir bleiben in Kontakt, sodass sich die Möglichkeit einer länger andauernden Zusammenarbeit eröffnet.*

c. Verstärken. Denken Sie darüber nach, wo Sie Ihre Stärken noch einsetzen könnten – unter welchen Umständen, mit wem und wann.

> *Ich könnte zu weiteren Unternehmensveranstaltungen gehen, auch zu solchen, die ich noch nicht besucht habe. Da mir die Kontaktaufnahme leichtfällt, könnte ich einflussreiche Personen auf Managementebene ansprechen, um meine Sache voranzubringen. Ich könnte herausfinden, wen meine Kollegen gern treffen würden, und sie begleiten.*

d. **Erweitern.** Unsere Stärken sind unser »Rohmaterial«, die uns zu dem machen, was wir sind. Wir müssen sie natürlich um Wissen und Fertigkeiten ergänzen, damit wir wahre Kompetenz erreichen. Was könnte das sein? Gibt es Projekte oder Aufgaben, die Sie freiwillig übernehmen könnten, um Ihre Stärken weiterzuentwickeln oder Stärken einzusetzen, die Sie momentan noch nicht nutzen? Und haben Sie Kollegen, die dort stark sind, wo Sie schwach sind, um mit ihnen zum gegenseitigen Vorteil Aufgaben zu tauschen?

Ich könnte lernen, Webinare abzuhalten, um leichter Leute aus anderen Orten kennenzulernen. Ich könnte auch mein Spanisch verbessern, um besser mit unseren spanischen Kunden zu kommunizieren.

DENKEN SIE ÜBER IHRE LEISTUNG NACH

Haben Sie jemals festgestellt, dass Sie Jahr für Jahr bei Leistungs-
beurteilungen, die sich darauf konzentrieren, was Sie verbessern
sollten, die gleichen Diskussionen führen? Es geht immer wieder
um dasselbe und nichts scheint sich zu ändern, egal, was Sie tun.

Wahrscheinlich ist das, bei dem Sie nicht gut sind, keine Ihrer natürlichen Stärken oder Interessen, sodass Sie immer wieder Probleme
damit haben. Ihre Versuche, sich zu verbessern, bringen Sie kaum
voran. Am Ende aber wäre es besser, wenn Sie Ihre Zeit und Energie
für Ihre wahren Stärken aufwenden würden.

STELLEN SIE SICH EINIGE FRAGEN:

- Wie kann ich meinen Job erweitern, um meine Stärken öfter
  einzusetzen?
- Gibt es interessante Projekte, an denen ich gern teilnehmen
  würde und die es mir erlauben würden, meine Stärken besser
  einzubringen?
- Kann ich etwas Neues ausprobieren, um festzustellen, ob es
  mir gefällt und zu meinen Stärken passt (zu denen, die ich
  kenne, sowie zu denen, die mir noch unbekannt sind)?

*»Arbeit ist ein großer Teil Ihres Lebens, Sie sollten daher etwas
machen, das Sie gern tun ... oder das zumindest Ihrer Natur
entspricht. Warum sollten Sie durchs Leben gehen und 60–70 %
Ihrer Zeit keinen Spaß an der Arbeit haben?«*

3. NUTZEN SIE IHRE STÄRKEN, UM EINEN NEUEN JOB ZU BEKOMMEN

Die Kenntnis Ihrer Stärken bewahrt Sie vor einem Karriereweg oder Job, für den Sie nicht geeignet sind oder der Sie nicht glücklich macht. Manchmal entscheiden sich Leute in jungen Jahren für eine Karriere, ohne sich viele Gedanken darüber zu machen, ob das für sie passt. Zum Beispiel könnte ein junger Journalist vorhaben, sich zum Redaktionsleiter hochzuarbeiten. Er hat vielleicht die nötigen Stärken, vielleicht aber auch nicht. Möglicherweise recherchiert und schreibt er gern Artikel, ist aber niemand, der gern Verantwortung trägt. Um ein großartiger Redaktionsleiter zu sein, müssen Sie gern Verantwortung übernehmen und das Sagen haben wollen.

Es kommt ziemlich oft vor, dass Organisationen Leute in Managementpositionen befördern, weil sie gut in ihrem Job sind, dies aber in einer Katastrophe endet, weil sie das nicht mögen oder nicht besonders gut darin sind. Meist beides. Man kann nicht genug betonen, wie wichtig es ist, sich selbst und seine Stärken zu kennen. Damit ersparen Sie sich viele unglückliche Karriereentscheidungen. Sind Sie jemals in einen Job befördert worden, für den Sie absolut ungeeignet waren?

Wie war das?

An welche Karriereveränderungen denken Sie jetzt gerade?

In welchem Maße es Ihnen würde dieser Schritt erlauben, Ihren Stärken zu folgen und im Beruf erfolgreich und erfüllt zu sein?

IHREN LEBENSLAUF VORBEREITEN

Traditionelle Lebensläufe konzentrieren sich auf Erfahrungen und Erfolge. Für einen künftigen Arbeitgeber sind dies wichtige Informationen. Allerdings vermitteln sie kein wirkliches Gefühl für die Person, die Sie sind, abgesehen von Dingen wie guter Teamspieler, ausgezeichneter Kommunikator, Eigeninitiative. Viele Leute schreiben das in ihren Lebenslauf. Es sind abgedroschene und vage Phrasen, durch die Sie sich nicht aus der Masse abheben.

Wenn Ihnen Ihre Stärken bewusst sind, können Sie eine bessere Beschreibung Ihrer selbst abliefern. Schon in einem kurzen Absatz sollten Sie in der Lage sein, dem Leser eine Vorstellung davon zu vermitteln, wer Sie als Person sind. Der folgende Absatz könnte Ihnen als Beispiel dienen. Eine solche »Persönlichkeitsbeschreibung« sollte dem Lebenslauf immer vorangestellt sein. Künftige Arbeitgeber erhalten mit dieser Beschreibung Ihrer Stärken und Motivationen eine Vorstellung von der Art der Person, die Sie sind.

Ich bin außergewöhnlich gut darin, das Beste aus jeder Situation zu machen, und trete Herausforderungen mit einer positiven Einstellung gegenüber. Ich bin anpassungsfähig und übernehme gern Verantwortung. Ich bin neugierig und lerne schnell. Außerdem bin ich gewissenhaft und hatte immer eine starke Arbeitsmoral. Ich arbeite gern mit anderen zusammen und komme gut mit Menschen aller Altersgruppen und Gesellschaftsschichten zurecht.

Dies vermittelt dem Leser eine gute Vorstellung von Ihrer Person – jenseits der üblichen Karriereschritte und Qualifikationen. Es lässt sie lebendiger erscheinen!

WIE MAN SICH AUF STÄRKENORIENTIERTE VORSTELLUNGSGESPRÄCHE VORBEREITET

Vorstellungsgespräche, die sich an den Stärken orientieren, werden immer beliebter, und manchmal werde ich gefragt, wie man sich darauf vorbereitet. Einer der Gründe für solche Gespräche ist, dass man sich schwer darauf vorbereiten kann, sodass sie ehrlichere und natürlichere Antworten liefern als kompetenzbasierte Interviews, bei denen die Kandidaten intuitiv die »richtige« Antwort vorbringen können. Stärkenorientierte Vorstellungsgespräche lassen sich viel schwieriger fingieren und sind wirklich wechselseitig. Die Interviewer lernen Sie als Person kennen –, erfahren, worin Sie von Natur aus gut sind, was Sie anregt und Ihnen Spaß macht. Und Sie finden heraus, ob Sie tatsächlich zu der Organisation passen.

Scheuen Sie sich nicht davor, Sie selbst zu sein, und lassen Sie Ihre Individualität aufscheinen. Das wünschen sich die Gesprächspartner von Ihnen.

IM TRADITIONELLEN INTERVIEW ÜBER IHRE STÄRKEN SPRECHEN

Hatten Sie nach einem Vorstellungsgespräch schon einmal das Gefühl, dass Ihr Gesprächspartner Sie nicht gut genug kennengelernt hat oder Ihnen nicht die Chance gab zu glänzen? Oder sogar beides? Falls Sie den Job dann nicht bekommen haben, kam Ihnen das irgendwie unfair vor. Und falls man Ihnen den Job angeboten hat, waren Sie in Sorge, dass Sie eigentlich gar nicht der richtige Kandidat dafür waren. Was können Sie tun, falls Sie glauben, dass man Ihnen nicht die richtigen Fragen stellt, um sich von Ihrer besten Seite zu zeigen? Hier sind einige Tipps:

- Seien Sie sich vor dem Gespräch klar darüber, welche Ihrer Stärken Sie herausstellen wollen. Wählen Sie diejenigen, die zeigen, dass Sie gut in dem Job sein werden. Überlegen Sie, was Sie über diese Stärken sagen wollen.

- Falls sich das Gespräch sich an Ihren Kompetenzen orientiert – Sie etwa erzählen sollen, wie Sie einmal Schwierigkeiten überwunden haben –, sollten Sie die Gelegenheit auch nutzen, auf die Stärken hinzuweisen, die Sie in diesem Fall eingesetzt haben. Sie könnten zum Beispiel sagen: »Das fiel mir relativ leicht, weil ich von Natur aus eine entschlossene Person bin und eine meiner Stärken darin liegt, immer das zu erreichen, was ich mir vorgenommen habe.«

- Suchen Sie nach Gelegenheiten, im Gespräch Ihre Stärken zu betonen. Das ist nicht so schwierig. Nutzen Sie etwa Phrasen wie »Ich bin bekannt dafür, dass ich wirklich gut andere weiterentwickeln kann«, »Eine meiner größten Stärken ist mein analytisches Denken«, »Weshalb ich wirklich gut bei [xxx] bin, liegt an meinen Stärken [yyy]«. Sollte sich anscheinend keine Gelegenheit bieten, über Ihre Stärken zu sprechen, könnten Sie sagen: »Falls Sie mich nach meinen Hauptstärken fragen würden, würde ich Ihnen sagen, dass [hier nennen Sie die Stärken].«

- Schicken Sie hinterher eine kurze E-Mail, in der Sie mitteilen, wie Ihnen das Vorstellungsgespräch gefallen hat und wie sehr Sie sich auf Ihre Rolle und die Organisation freuen. Fassen Sie kurz zusammen, weshalb Sie für den Job geeignet sind und was Sie leisten könnten.

FÜR EINEN GUTEN START IN DEN JOB

Es hat große Vorteile, ein Vorstellungsgespräch gehabt zu haben, in dem man Sie und Ihre Stärken kennenlernen konnte. Erstens wissen *Sie*, dass *die anderen* Sie kennen und wissen, dass Sie für den Job geeignet sind. Es müssen also an Ihnen keine Zweifel nagen, dass man Sie fälschlicherweise angeheuert hat – was durchaus passieren kann, wenn Sie das Gefühl haben, man hätte Sie in dem Gespräch nicht richtig kennengelernt. Zweitens wissen Ihre neuen Arbeitgeber nun viel mehr über Sie als nach einem traditionellen Vorstellungsgespräch. Das heißt, man kann Sie auf passende Weise motivieren und anerkennen, Ihnen Projekte entsprechend Ihren Stärken zuweisen und schließlich sinnvolle Gespräche zur beruflichen Weiterentwickelung mit Ihnen führen.

All dies trägt zu einem sicheren Start in den neuen Job bei. Sie können sich voll auf Ihre weitere Entwicklung und Ihre Karriere konzentrieren, weil Sie wissen, worin Sie gut sind und in welche Richtung Sie gehen wollen.

Darüber hinaus können Sie nach Möglichkeiten suchen, Ihre Stärken in einer Weise einzusetzen, die Ihnen in Ihrem bisherigen Job nicht geboten wird, und über künftige Rollen nachdenken, die Ihren Stärken noch viel mehr entgegenkommen.

4. ALS FÜHRUNGS-KRAFT MIT STÄRKEN ARBEITEN

Denken Sie über folgende Fragen nach:

- Wie viele der Menschen, die Sie direkt leiten oder beeinflussen, kennen Sie so gut, dass es Ihnen leichtfällt, das Beste aus ihnen herauszuholen und sie zu motivieren?
- Wie lange dauert es normalerweise, Menschen so gut kennenzulernen, dass Sie das tun können?
- Würden Sie diesen Prozess gern beschleunigen?

Stellen Sie sich vor, Sie würden Ihr Team so gut kennen, dass es einfach wäre, es zu führen, zu motivieren und weiterzuentwickeln. Sie hätten quasi eine Gebrauchsanweisung für jeden Mitarbeiter und wüssten, wie Sie mit ihnen arbeiten können.

Das geht, wenn Sie die Stärken jedes Einzelnen kennen. Und wenn Sie Aufgaben entsprechend diesen Stärken zuweisen, erhalten Sie eine Menge guter Einblicke in Ihre Mitarbeiter.

Versuchen Sie es. Es ist ein überraschend einfaches, aber starkes Vorgehen, weil:

- Sie zeigen, dass Sie sie verstehen und sich für sie interessieren.
- Ihre Angestellten von diesen Diskussionen sehr motiviert sein werden, weil Sie mit ihnen über deren Stärken sprechen.
- Sie sie dazu bringen, in sehr spezifischen und positiven Begriffen über ihre Leistung und ihre Entwicklung nachzudenken.
- Sie sie als verantwortungsbewusste Kollegen behandeln, die auf eine Weise etwas beitragen wollen, die sowohl ihnen als auch der Organisation nützt.
- Sie ein Gespräch darüber führen, wie sie mehr leisten können, und sich dabei angeregt und voller Energie fühlen können, statt ausgenutzt.

Dies alles erlaubt es Ihren Leuten nicht nur, gut zu arbeiten und ihr volles Potenzial zu erreichen, sondern erleichtert Ihnen das Leben als Führungskraft ganz ungemein.

Sie dürfen bei all dem jedoch nicht unrealistisch sein. Natürlich ist es unmöglich, 100% unserer Zeit nur unseren Stärken entsprechend zu handeln und ausschließlich das zu tun, was uns anregt. Wenn wir ehrlich sind, genießen nur wenige von uns überhaupt diesen Luxus. Sie *müssen* deshalb Ihren Leuten helfen, gut genug bei den Dingen zu sein, die ihre Schwächen darstellen oder die sie nicht gern machen.

Erwischen Sie sich als Manager manchmal bei den nachfolgend aufgeführten Dingen?

- Sie erwarten, dass die Leute den Teil des Jobs gern machen, den Sie persönlich genießen.
- Sie erwarten, dass sie gut bei Aufgaben sind, bei denen Sie selbst gut sind, und werden dann frustriert, wenn das nicht der Fall ist.
- Sie konzentrieren sich auf die Schwächen einer Person, statt Ihr Hauptaugenmerk auf die Stärken zu richten.
- Sie erkennen nicht, dass das störende Verhalten eines Mitarbeiters eigentlich ein Anzeichen für eine übertrieben eingesetzte Stärke ist. Zum Beispiel könnte jemand, der sehr hohe Maßstäbe hat, auf andere übermäßig kleinlich wirken, wenn er sich über seine Standards Sorgen macht.
- Sie fragen nicht nach den Gründen, wenn eine Verhaltensweise Sie nervt, auch wenn offensichtlich ist, dass diese mit besten Absichten an den Tag gelegt wird.
- Sie drängen jemanden, Dinge zu tun, von denen Sie wissen oder vermuten, dass er nicht besonders gut darin sein wird.

All dies kann unnötigen Frust verursachen. Es demotiviert Ihre Mitarbeiter und sie bleiben unter ihren Möglichkeiten.

Hier sind daher einige einfache Tipps und Techniken, um den genannten Punkten wirksam zu begegnen.

Statt ...,	... versuchen Sie dies:
zu denken, dass andere bei dem gut sind, was Sie selbst genießen und gern tun	Stellen Sie fest, wie Sie sich unterscheiden, und achten Sie darauf, dass wichtige Sachen erledigt werden, indem Sie mit der Person darüber sprechen, wie sie Sie erreichen kann, oder jemand anderen damit beauftragen.
sich darauf zu konzentrieren, worin die Person nicht so gut ist	Erinnern Sie sich an all ihre Stärken (die Sie als gegeben hinnehmen können). Sprechen Sie mit ihr darüber, wie sie ihre Schwächen mithilfe ihrer Stärken überwinden und besser auf den Gebieten werden kann, die bisher noch nicht so gut waren.
nicht zu bemerken, wenn störendes Verhalten auf eine Stärke hinweist	Denken Sie beim nächsten Mal, wenn sich jemand störend oder nervend verhält, darüber nach, an welcher Stärke dies liegen könnte. Statt Genervtheit werden Sie dann Anerkennung verspüren. Wirklich!
sich auf das Verhalten statt auf die Absicht zu konzentrieren	Denken Sie vor einer »Reaktion« auf die Verhaltensweise darüber nach, welche positive Absicht hier vorliegen könnte. Fragen Sie einfach danach. Andere beurteilen Sie übrigens nach Ihrem Verhalten, weil sie Ihre Absicht nicht kennen. Falls Sie glauben, dass Ihre Aktionen eine negative Antwort verursachen könnten, setzen Sie sie in Perspektive: »Ich möchte in Bezug auf Ihren Vorschlag ganz ehrlich und direkt sein, um Ihnen zu helfen, das bestmögliche Ergebnis zu erzielen.«
eine Person zu bitten, etwas zu tun, von dem Sie wissen, dass sie nicht besonders gut darin ist	Erklären Sie ganz ehrlich, warum Sie darum bitten. Vielleicht ist niemand anders da. Vielleicht wollen Sie ihr eine Chance geben, damit sie sich verbessern kann. Erkennen Sie an, dass dies keine von deren Stärken ist und Sie wissen, dass sie dies nicht besonders gern macht.

5. NUTZEN SIE IHRE STÄRKEN BEI IHREM STUDIUM

Es ist wichtig, dass Sie das studieren, was Sie interessiert. Ein Studium kann harte Arbeit sein. Wählen Sie deshalb Themen, die Ihnen Spaß machen, um auch in schwierigen Zeiten motiviert zu bleiben.

Damit Sie herausfinden, was Sie besonders anspricht, denken Sie über diese Fragen nach:

- Welche Sendungen schauen Sie sich gern im Fernsehen an?
- Welche schalten Sie immer aus? (In meinem Fall sind es Gartensendungen!)
- Welche Links klicken Sie bei Twitter, Facebook, LinkedIn usw. an?

Welche Themen lassen sich aus Ihrem Medienkonsum erkennen? Sind es Lebensgeschichten anderer Menschen, Geschichte, Umweltfragen? Was fesselt Ihre Aufmerksamkeit wirklich?

Schauen Sie sich nun die Fächer an, die Sie studieren (oder vielleicht studieren wollen). Kreuzen Sie an, was für Sie gilt.

Listen Sie alle Fächer auf, die Sie studieren	Sie lieben dieses Fach	Es ist okay	Sie mögen es wirklich nicht

Listen Sie unten die Fächer auf, die Sie wirklich mögen, und notieren Sie, was Sie jeweils besonders anspricht.

Können Sie Gemeinsamkeiten oder Themen erkennen? Notieren Sie diese hier.

Denken Sie nun über andere Fächer nach, die Sie reizen – die Sie aber noch nicht studiert haben oder über die Sie nichts Genaues wissen. Es geht hier darum, den Horizont nicht zu sehr einzuschränken.

Sie haben nun eine Vorstellung von den Fächern, die Sie bereits interessieren, und von denen, die Sie später vielleicht einmal gern weiter verfolgen würden, und sei es nur als Hobby.

Denken Sie nun über Ihre natürlichen Stärken, Motivatoren und Werte nach – alles, was Sie in Teil Zwei über sich entdeckt haben. Einige wichtige Dinge haben direkt mit Ihren Studien zu tun:

1. In welchem Maße erlauben es Ihnen Ihre Studienfächer, Ihren Interessen und Stärken zu folgen?

2. Wie können Ihre Stärken Ihnen helfen, gut zu studieren und Ihre Studienzeit zu genießen?

6. NUTZEN SIE IHRE STÄRKEN BEI DER KINDERERZIEHUNG

Wenn Sie die Stärken, Werte und Motivatoren Ihres Kindes kennen, ist das fast so, als hätten Sie ein ganz persönliches Erziehungshandbuch. Für ein Kind kann es ganz entscheidend sein, stärkenorientiert zu denken:

- **Es mangelt ihm an Selbstbewusstsein oder Selbstachtung**
  Für manche jungen Leute ist es eine große Offenbarung zu entdecken, dass sie überhaupt Stärken besitzen. Sie zu kennen und für sie geschätzt zu werden, kann entscheidend beeinflussen, wie sie über sich selbst denken und fühlen. Sie gewinnen Selbstbewusstsein und Selbstachtung, wenn sie ihre Stärken verstehen. Als Eltern können Sie sie ermutigen, diese einzusetzen, statt sich darauf zu fokussieren, worin sie nicht gut sind.

- **Es ist anders als Sie, sodass Sie keinen Draht zu ihm finden**
  Viele von uns finden es schwer, eine Beziehung zu jemandem herzustellen, der anders ist als wir. Im Fall der eigenen Kinder kann das rätselhaft und frustrierend sein. Falls Sie etwa von

Natur aus optimistisch sind, Ihr Kind dagegen sehr analytisch ist und überall Fehler findet, wirkt das vielleicht nicht sehr positiv auf Sie. Sie versuchen dann vielleicht ständig, ihm die gute Seite der Dinge zu zeigen. Das kann eine analytische Person sehr nerven – nicht weil sie das Gute nicht sehen möchte, sondern weil sie sich im »Analysemodus« wohl fühlt.

- **Es hat Schwierigkeiten, Entscheidungen zu treffen**
  Es ist unmöglich, jemandem zu helfen, gute Entscheidungen für das Leben zu treffen, wenn man nicht weiß, wer derjenige tief in seinem Inneren wirklich ist. Ohne dieses Wissen animieren Sie ihn vielleicht unabsichtlich, das Leben eines anderen zu leben!

WIE ERMUTIGEN SIE IHR KIND, SEINEN STÄRKEN ZU FOLGEN, OHNE ES ZU BEVORMUNDEN ODER EINZUENGEN?

Es hilft, wenn Sie Ihr Kind ermutigen, neue Dinge auszuprobieren, damit es mehr über sich selbst und das, was es mag, entdecken kann. Je besser es sein wahres Wesen entdeckt, umso erfüllter wird es sein. Wie bei allem sollten Sie allerdings darauf achten, es nicht zu bevormunden oder einzuengen. Regen Sie es an, neue Dinge auszuprobieren, fragen Sie es, was genau es an den Dingen anspricht, die es mag, hören Sie ihm genau zu und ermuntern Sie es, immer weiterzumachen ... und mehr über sich selbst herauszufinden.

WELCHE PRAKTISCHE AUSWIRKUNG KANN EIN STÄRKEN-ANSATZ FÜR KINDER HABEN?

Lehren Sie Ihre Kinder das Konzept der Stärken, ermutigen Sie sie, ihre Stärken zu verfolgen, und regen Sie sie an, alles auszuprobieren, von dem sie sich angezogen fühlen. Egal, ob sie eine bestimmte Aktivität mögen oder nicht, fordern Sie sie auf, dies zu reflektieren. Stellen Sie ihnen Fragen wie:

- Wie war es, das zu machen?
- Was hat dir daran gefallen?
- Was hat dich dabei glücklich gemacht?
- Welche anderen Dinge magst du wirklich gern?
- Falls es dir nicht gefallen hat – was genau mochtest du nicht?
- Gab es Teile, die dir gefallen haben?

Kinder sind schnell genervt, wenn man sie mit zu vielen Fragen auf einmal bombardiert, aber ein oder zwei Fragen dieser Art erlauben es Ihnen schon, festzustellen, welche Aktivitäten sie anregen. Und das bringt Sie in die Richtung von Dingen, von denen sie mehr machen wollen.

Ein Beispiel. Dan ist 11 und tanzt gern. Seine Eltern haben ihn seit mehreren Jahren jede Woche zu Tanzkursen gebracht und sich gefreut, dass er etwas gefunden hatte, das ihn begeistert. Plötzlich beschloss er jedoch, mit dem Tanzen aufzuhören. Auf die Frage nach dem Warum antwortete er: »Ich mag das nicht.« Als sie ihn fragten, ob es Teile gab, die er mochte oder nicht mochte, und was an den Tagen geschah, die ihm Spaß gemacht hatten, machten sie eine wichtige Entdeckung. Dan liebte Breakdance, weil man da frei improvisieren konnte. Alle anderen Tanzstile waren streng choreografiert und er fühlte sich zu sehr eingeschränkt. Hätten sie dies nicht mit ihm untersucht, wäre Tanzen für sie ihn der »Mag es nicht mehr«-Kategorie gelandet und ihr Sohn hätte es ganz aufgegeben. Weil sie danach gesucht hatten, was er wirklich liebte, erfuhren sie mehr, meldeten ihn in einer Breakdance-Gruppe an und Dan tanzt nun in jeder freien Minute!

HÜTEN SIE SICH VOR EINSCHRÄNKENDEN ÜBERZEUGUNGEN

Einer meiner Bekannten sagte seiner 18-jährigen Tochter, dass sie nicht erwarten solle, einen Job zu finden, den sie mag, weil die meisten Leute ihre Jobs nicht mögen! Sie las etwas über Stärken und hinterfragte seine Ansichten. Und das war gut so. Meine Arbeit besteht unter anderem darin, Unternehmen zu helfen, Menschen auszuwählen, die für ihre Arbeit gut geeignet sind. Nachdem ich mit Menschen aller möglichen gesellschaftlichen Schichten gearbeitet habe, weiß ich, dass es definitiv möglich IST, einen Job zu finden, den man wirklich gern macht – ob als Koch, Barista, Wissenschaftler oder sonst etwas. Wir alle haben Stärken, und wir alle haben Dinge, bei denen wir uns wirklich lebendig fühlen.

7. NUTZEN SIE STÄRKEN IN BEZIEHUNGEN

Ein Verständnis für die Stärken einer anderen Person kann helfen, um Beziehungen zu stärken:

- **Wir lernen, die andere Person zu schätzen, und vermeiden falsche Annahmen.** Das gilt vor allem, wenn die Person eine Stärke hat, die wir nicht als Stärke sehen oder die uns genervt hat! Falls zum Beispiel jemand die besondere Stärke besitzt, produktiv zu sein und sein Leben in Listen zu organisieren, schafft er viel, weil er mit großer Begeisterung seine Listen abarbeitet. Falls der Partner diese Stärke nicht hat, könnte das an Wochenenden Probleme geben, weil er das Gefühl hat, der andere würde lieber Dinge erledigen, statt Zeit der Familie zu verbringen. Nachdem beide die jeweiligen Stärken kennengelernt haben, weiß der ein zu schätzen, dass der andere viel für ihn tut, weil er erteilte Aufgaben in seine Listen setzt. Er merkt aber vielleicht auch, dass man ihn dazu bewegen kann, Aktivitäten mit der Familien auf seine Liste zu schreiben.

- **Wir werden anderen gegenüber weniger wertend.** Ich gebe zu, dass ich von Menschen frustriert war, bevor ich ihre Stärken kennenlernte. »Wieso können sie x nicht richtig machen?«, dachte ich manchmal. Ich konzentrierte mich darauf, was sie nicht konnten, statt auf das, bei dem sie wirklich gut waren. Heute kann ich die Stärken anderer leicht erkennen und weiß sie zu schätzen. Und wenn ich merke, dass mich jemand nervt, dann frage ich mich, ob es Ausdruck einer übertriebenen Stärke sein könnte. Oft ist das so, und das schafft mehr Wertschätzung für das, was sie haben, statt Panik vor dem, was ihnen fehlt.

- **Es bedeutet, dass wir als Team besser funktionieren.** In einer Beziehung bedeuten unterschiedliche Stärken, dass wir einander helfen und unterstützen können, indem wir füreinander einspringen. Falls zum Beispiel einer von Ihnen sehr detailversessen ist und der andere eher das große Ganze sieht, bereichert das Ihre Diskussionen und führt zu besseren Entscheidungen.

- **Sie erhalten eine größere Wertschätzung Ihrer selbst.** Wenn Sie Stärken haben, die andere nicht besitzen, dann verlassen sie sich möglicherweise darauf, dass Sie diese Stärken beisteuern. Das wiederum steigert Ihr Selbstwertgefühl.

WIR BEURTEILEN UNS NACH UNSEREN ABSICHTEN, ANDERE ABER NACH IHREM VERHALTEN

Die Stärken einer Person steuern ihr Verhalten. Falls etwa jemand gut darin ist, Probleme zu erkennen und zu lösen, äußert sich das darin, dass er darauf hinweist, was alles nicht stimmt, und dann Lösungen vorschlägt. Das kann nerven, wenn Sie eigentlich nur jemanden haben wollen, der Ihnen zuhört, statt Sie darüber zu belehren, wie Sie das Problem lösen könnten. Wissen Sie dagegen, dass das Lösen von Problemen eine der Stärken dieser Person ist und diese Ihnen nur helfen will, spüren Sie gleich weniger Verdruss.

Andere Leute beurteilen uns übrigens ebenfalls nach unserem Verhalten. Wenn wir unsere Absichten klarmachen, führt das zu einem besseren Verständnis. Beginnen Sie Ihre Bemerkungen am besten so: »Ich hoffe, ich kann helfen, deswegen spiele ich hier einmal den Advocatus Diaboli mit Ihrer Idee« oder »Sagen Sie mir, wenn es nicht das ist, was Sie wollen.« Auf diese Weise weiß der andere, dass Sie helfen und nicht nur gedankenlos kritisieren wollen.

WAS IST, WENN DIE SCHWÄCHEN EINES ANDEREN IHNEN PROBLEME VERURSACHEN?

Bemühen Sie sich, die Stärken anderer Menschen zu wertschätzen, nicht deren Schwächen zu kritisieren. Manchmal aber beeinträchtigen Sie deren Schwächen. Reden Sie in diesem Fall mit der anderen Person. Entscheidend ist, nicht zu kritisieren, und über das Verhalten zu sprechen, statt über die Person. So war zum Beispiel einer von zwei Geschäftspartnern ein guter Zuhörer, der andere dagegen nicht. Manchmal kam es zu peinlichen Situationen, wenn der schlechte Zuhörer die Probleme der Kunden in Angeboten falsch darstellte. Die Partner einigten sich darauf, immer zuerst ihr Verständnis des Problems zu prüfen, bevor sie Angebote an die Kunden schickten. Sie merkten außerdem, dass manchmal die Sorge davor, nicht zu wissen, was als Nächstes zu sagen sei, ein genaues Zuhören verhinderte. Das Verstehen von Stärken und Anerkennen von Schwächen kann also zu einfacheren, spannungsarmen Gesprächen führen.

8. NUTZEN SIE IHRE STÄRKEN IM RUHESTAND

Was denken Sie über Ihren Ruhestand, falls dieser bevorsteht?

- Sind Sie besorgt, was Sie dann machen werden?
- Befürchten Sie, dass Sie bestimmte Aspekte Ihres Arbeitslebens vermissen werden?
- Fragen Sie sich, »wer« Sie sein werden, wenn Sie Ihre Arbeitsidentität hinter sich gelassen haben?
- Freuen Sie sich darauf, einen Job zu verlassen, den Sie nie wirklich geliebt haben?
- Sind Sie aufgeregt wegen der freien Zeit, in der Sie dann alles tun können, was Ihnen wirklich Spaß macht?
- Freuen Sie sich darauf, neue Interessen zu entdecken?

Was auch immer Sie über den Ruhestand denken und fühlen, Sie können dafür sorgen, dass er eine erfüllte Zeit wird, wenn Sie wissen, wo Ihre Stärken liegen und was Sie glücklich macht.

IST »RUHESTAND« DAS RICHTIGE WORT?

Ich glaube nicht. Gemeinhin gilt dies für »die Tatsache, dass jemand seinen Job verlässt und aufhört zu arbeiten«. Damit ist erst einmal kein Übergang zu einem neuen Lebenszweck gemeint. Dabei wollen viele Menschen noch eine Menge tun – bzw. tun es auch. Das traditionelle dreigeteilte Leben – Ausbildung, Arbeit, Ruhestand – ist nicht die Erfahrung, die viele Menschen machen oder machen wollen. Ich nutze hier zwar den Begriff »Ruhestand«, verstehe ihn aber im Sinne eines Endes der formellen Beschäftigung und des Beginns einer Zeit, in der jemand Aktivitäten durchführt, die er gern macht, lohnenswert findet und vielleicht sogar bezahlt bekommt, wenn es das ist, was er wünscht oder braucht.

WIE EIN MANN IM RUHESTAND SEINE STÄRKEN NUTZTE

Gerry war in den 50ern, als er in den Ruhestand eintrat. Er war Manager in einer Reihe von Jobs gewesen, die er gern tat. Er startete seine Karriere in der Handelsflotte, was er zum Teil machte, weil er gern reisen wollte. Er reiste gern und hatte es sein ganzes Leben lang getan. Einerseits freute er sich auf den Ruhestand, andererseits machte er sich Sorgen, wie es sein würde. Er konnte sich einfach kein Leben ohne dringende Angelegenheiten vorstellen. Um Folgendes machte er sich Gedanken:

- Er trug gern Verantwortung und glaubte, dass er im Ruhestand nicht mehr viel Verantwortung haben würde.
- Er sorgte sich darum, dass er nicht mehr so viel würde reisen können wie zuvor.
- Er wusste, dass seine Identität eng mit seiner Arbeit verknüpft war.

Gerry hatte noch nie über seine Stärken, Werte und Motivationen nachgedacht. Er war einfach nur glücklich, dass er einen Job bekommen hatte, der gut zu ihm passte. Als er zu verstehen begann, was er wirklich war, was ihm wichtig war und was ihn antrieb, hatte er alle möglichen Ideen, was er tun könnte. Er wusste, dass er eine gute Führungskraft war, und trug gern Verantwortung, sodass er ehrenamtlich in seinem Heimatdorf einen Jugendclub aus der Taufe hob. Niemand hatte bisher eine solche Einrichtung gegründet. Unter Gerrys Leitung gedeiht der Jugendclub nun und hilft nicht nur jungen Leuten, sondern auch anderen, die ehrenamtlich dort mitarbeiten und das sehr befriedigend finden. Gerry wusste nichts über Jugendliche und ihre Bedürfnisse, aber zu seinen Stärken gehören Neugier und der Wunsch zu lernen. Und er möchte gern etwas bewegen. Außerdem ist er mutig und hat einen starken Gerechtigkeitssinn. Er wurde ehrenamtlicher Geschäftsführer in einem Gremium, das voller Konfliktpotenzial und starker Charaktere war. Gerry genoss die Herausforderung, dieses Team positiver und leistungsfähiger zu machen. Er stellte sich Problemen, die andere abgeschreckt hatten. Nach weniger als einem Jahr war Gerry so ausgelastet wie in seinen Arbeitsjahren. Und das gefällt ihm. Er ist glücklich und erfüllt, vor allem, weil er in größerem Maße als zuvor etwas bewegen kann.

Manche Leute haben Glück und schaffen sich ein neues Leben, das zu ihnen passt, auch ohne dass sie etwas über ihre Stärken wussten. Aber vermutlich hat die Mehrzahl der Menschen Probleme, Zufriedenheit im Ruhestand zu finden.

EINEN ERFÜLLTEN RUHESTAND PLANEN

Falls Sie vorhaben, in den nächsten Jahren in den Ruhestand zu gehen, sollten Sie sich einige Fragen stellen.

- Wie soll mein Leben in fünf, zehn, zwanzig Jahren aussehen?
    ◇ Womit möchte ich meine Tage ausfüllen?
    ◇ Wen möchte ich regelmäßig sehen?
    ◇ Wo würde ich gern leben?

- Womit möchte ich meine Zeit verbringen?
    ◇ Was kann ich tun, das ich momentan nicht mache?
    ◇ Welche neuen Dinge würde ich gern einmal ausprobieren?

- Mit wem möchte ich zusammen sein?
    ◇ Wen würde ich gern öfter sehen?
    ◇ Mit welchen Arbeitskollegen möchte ich in Kontakt bleiben?
    ◇ Gibt es neue Arten von Menschen, die ich gern kennenlernen würde?
    ◇ Gibt es bestimmte Menschen, die ich lieber nicht so oft sehen würde?

Um diese Fragen sinnvoll zu beantworten, müssen Sie sich selbst gut kennen. Sie sollten also wissen, was Sie gern machen, was Sie anregt, was wichtig für Sie ist und was Sie wirklich motiviert.

Alison stand kurz vor dem Ruhestand. Bei Ihrer Arbeit hatte sie immer sehr viel zu tun. Sie hatte ein paar Freunde, die sie aber selten sah, weil sie so viel arbeitete. Auch ihre Hobbys litten unter ihrer Arbeit. Wenn sie nicht aufpasste, würde sich ihr Ruhestand wie eine große Leere anfühlen. Auf einmal würde sie nicht zu wenig, sondern zu viel Zeit haben. Sie musste ernsthaft darüber nachdenken, wie ihre Zukunft – der Rest ihres Lebens – aussehen sollte.

Das Vorausplanen war für Alison ungemein wichtig, wenn sie den plötzlichen Schock des Nichts-Zu-Tun-Habens vermeiden wollte. Sie begann, über ihre Möglichkeiten nachzudenken und sich auf den Ruhestand zu freuen.

Manchen Leuten bietet der Ruhestand die Chance, ihre Stärken viel mehr als früher einzusetzen.

Glauben Sie, dass Sie die Möglichkeit haben, jeden Tag an der Arbeit das zu tun, was Sie gut können?

Lautet die Antwort Nein, dann bietet der Ruhestand die Chance, Ihre Stärken in einem größeren Maß einzusetzen und damit Ihr Leben zu bereichern. Und ich rede hier nicht von Ihren Hobbys, obwohl Sie die auch verfolgen könnten. Falls Sie Ihre Stärken und Motivationen kennenlernen, könnten Sie auch andere Hobbys finden.

Robert wusste, dass er Herausforderungen liebte und immer der Beste sein wollte. Er hatte seit Jahren Golf gespielt, was gut zu diesen Stärken passte. Allerdings hatte er nie darüber nachgedacht, Bridge zu spielen. Er dachte, das könnte ihm gefallen, weil es ein Partnerspiel ist – beim Golf mochte er diesen Aspekt ebenfalls. Er hat ein gutes Gedächtnis und rechnete gern, auch wenn sein Interesse an der Mathematik bei der Arbeit immer zu kurz kam. Bridge bot ihm die Chance und er liebt das.

Nutzen Sie Ihre Stärken, um jung im Herzen zu bleiben.

Wenn Sie das machen, was Sie lieben, eine Aufgabe haben und sich an den kleinen Dingen erfreuen, werden Sie ein erfülltes Leben führen und im Herzen jung bleiben.

Schreiben Sie hier auf, was Sie gern tun – auch Kleinigkeiten: Menschen beobachten, im Café sitzen, Buchläden besuchen, mit Nachbarn schwatzen. Machen Sie die kleinen Dinge so oft wie möglich.

Listen Sie jeden Abend vor dem Schlafengehen auf, welche schönen Dinge Sie an diesem Tag erlebt haben. Am nächsten Morgen schreiben Sie auf, wofür Sie am Tag zuvor dankbar waren. Dieses »Dankbarkeitstagebuch« funktioniert und ist eine große Hilfe beim Verbessern der psychologischen Gesundheit und Zufriedenheit.

ZUSAMMENFASSUNG

In Teil vier versuchten wir, unsere Stärken in die Praxis umzusetzen. Wir schauten uns an, wie Sie Ihre Stärken aktiv und bewusst in verschiedenen Aspekten Ihres Lebens einsetzen können. Es gab Einsichten und praktische Tipps für unterschiedliche Lebensbereiche – Arbeit, Studium, Kindererziehung, Beziehungen und Ruhestand.

TEIL FÜNF

WAS SIE NOCH BRAUCHEN, UM ERFÜLLT ZU LEBEN

»Wirklich zu wissen, was Sie bewegt, ist so wichtig und wird trotzdem kaum in der Schule oder bei der Arbeit besprochen!«

DIESER ABSCHNITT BEANTWORTET FOLGENDE FRAGEN

- Welche Faktoren, abgesehen von den Stärken, erlauben es Ihnen, bei der Arbeit und im Leben erfolgreich zu sein?
- Welche Hindernisse könnten auftreten und wie überwinden Sie sie?
- Welche Art von Unterstützung könnten Sie bei anderen erhalten?

Sie haben mittlerweile eine gute Vorstellung von Ihren Stärken und wissen, wie Sie sie einsetzen können. Das reicht jedoch nicht. Um unser absolut Bestes leisten zu können, müssen wir motiviert sein und uns aktiv mit Dingen befassen, die wichtig für uns sind, damit unser Leben an Bedeutung gewinnt. Außerdem müssen wir lernen, mit schwierigen Situationen zurechtzukommen, die uns zurückwerfen könnten. Wir alle brauchen Hilfe, wenn wir das schaffen wollen. Deshalb schauen wir uns an, bei wem und in welcher Form diese Hilfe zu finden ist.

WICHTIGE FAKTEN

- Studien zeigen, dass Geld das Glücksgefühl steigert, wenn es Menschen aus bedrohlichen Situationen befreit, etwa aus Armut oder Obdachlosigkeit, und sie in sichere Umstände befördert. Danach spielt Geld keine so große Rolle mehr.

- Forschungen des Psychologen Daniel Kahneman zeigten, dass Geld bis zu einer Schwelle von 75.000 Dollar das Glücksgefühl erhöht. Nach Überschreiten dieser Schwelle wird das emotionale Wohlbefinden auch bei höherem Einkommen nicht größer[9].

- Die Psychologin Jennifer Aaker von der Stanford University hat herausgefunden, dass ein sinnvolles Leben eher mit Geben als mit Nehmen erreicht wird. Und Sinnhaftigkeit bedeutet, sich selbst und seinen Zweck zu definieren und auszudrücken[10].

1. WAS IST WICHTIG FÜR SIE?

Ihre Werte sind für Sie am wichtigsten. Das sind quasi Ihre Grundsätze, wie Fairness, Integrität und Hilfsbereitschaft. Geformt durch Ihre Familie und Ihre frühkindlichen Erfahrungen, repräsentieren sie Ihr inneres Wesen und Ihre Überzeugungen.

Werte haben einen großen Einfluss auf unsere Einstellungen und Handlungen. Anhand ihres Maßstabs entscheiden wir auch, wie wir über andere Leute, unseren Job und unsere Arbeitsstellen denken.

Wenn Ihnen klar ist, was Ihnen wichtig ist – was Ihre Werte sind –, können Sie auch richtige und lohnenswerte Entscheidungen treffen. Falls es Ihnen zum Beispiel wichtig ist, anderen zu helfen, werden Sie viel zufriedener sein, falls dies ein zentraler Teil Ihrer Arbeit ist.

Eine gute Methode zum Entdecken Ihrer Werte ist es, darüber nachzudenken, welche nicht dazugehören. Versuchen Sie es mit dieser Übung:

Stellen Sie sich vor, Sie wären Traurigkeitsbeauftragter. Sie sollen einen Arbeitsplatz, eine Schule oder Universität schaffen, die Ihrer Vorstellung von absoluter Trübsal entspricht.

Notieren Sie Ihre Ideen. Wie wäre es? Wie wären die Leute? Wie würden sie sich verhalten? Was müssten Sie dort jeden Tag tun? Was müsste geschehen, damit Sie den Ort und die Arbeit, die Sie dort erledigen, so richtig verabscheuen?

Schreiben Sie es auf oder zeichnen Sie ein Bild davon.

Wie beeinflusst Sie die Vorstellung von diesem Ort? Was macht sie mit Ihrer Stimmung oder Ihren Gefühlen?

Okay ... bevor Sie ZU trübsinnig werden, schauen wir uns das Gegenteil an. Beschreiben Sie im Kasten auf der folgenden Seite Ihre Vorstellung von einem wunderbaren Arbeitsplatz. Wie soll er aussehen und sich anfühlen, wie sind die Leute dort, wie verhalten sie sich, welche Arbeit verrichten Sie dort und warum gefällt es Ihnen dort?!

Was verraten die beiden Beschreibungen – die des miesen Ortes und die des glücklichen Ortes – über Ihre Werte? Was sagen sie über die Dinge aus, die Ihnen am wichtigsten sind?

Listen Sie nun Ihre Grundwerte auf. Unten stehen als Hilfestellung einige Beispiele.

Hilfsbereit-schaft	Ehrlichkeit	Fairness	Gerechtigkeit
Gleichheit	Unabhängig-keit	Mut	Respekt für andere
Lernen	Freundschaft	Gemeinschaft	Autarkie
Teamarbeit	Vertrauen	Harmonie	Status
Abenteuer	Wahrheit	Familie	Spaß
Freude	Anerkennung	Selbstdisziplin	Ordnung
Sinnhaftigkeit	Großzügigkeit	Pflicht	Freiheit
		Loyalität	

Tragen Sie in die Tabelle mit eigenen Worten die Werte ein, die für Sie am wichtigsten sind. Es würde Sie schwer verletzen, wenn diese beeinträchtigt oder weggenommen werden. Wie sehen die Werte in der Praxis aus? In der ersten Zeile finden Sie ein Beispiel.

Meine Grundwerte	Wie sie in der Praxis aussehen
Hilfsbereitschaft	Ich helfe gern anderen an der Arbeit oder zuhause. Egal, ob Kleinigkeiten, wie das Einkaufen für meine ältere Nachbarin, oder größere Dinge, wie Überstunden, um einen gestressten Kollegen zu unterstützen – ich suche immer nach Chancen, hilfreich zu sein.

2. WAS MOTIVIERT SIE?

Unsere Motivationen gehören zu den wichtigsten Dingen, die wir über uns wissen können. Sie zu kennen, ist ebenso wichtig wie das Wissen über unsere Stärken. Wieso? Wenn wir zu etwas nicht motiviert sind, dann tun wir es nicht (oder nur halbherzig), ganz egal, welche unsere Stärken sind.

Unsere Motivatoren spiegeln unsere Werte und Stärken wider. Sie sind die treibende Kraft hinter allem, was wir tun. Sie sind unser Motor. Ohne Motivation würden wir morgens gar nicht aus dem Bett steigen. Schauen Sie sich folgende Fragen an:

- Hatten Sie schon einmal das Gefühl, nicht die Motivation finden zu können, etwas zu tun, zu dem Sie verpflichtet sind? Wie war das?
- Denken Sie nun an eine Gelegenheit, bei der Sie hochmotiviert waren. Wie hat sich das angefühlt?
- Wir brauchen Motivation, um glücklich und erfüllt zu sein und Dinge zu schaffen. Welche Motivationen haben Sie?

Schauen Sie sich diese Motivationen an:

Kreativität
Sie wollen die Chance haben, Ihre Fantasie zu benutzen und neue Ideen zu schaffen.

Führungskraft
Es ist wichtig für Sie, für die Leistung anderer verantwortlich zu sein.

Zweck
Sie wollen einer Sache dienen oder etwas machen, das wichtig für Sie ist.

Stabilität
Sie müssen sich in Ihrem Job sicher fühlen.

Spezialist
Sie wollen auf Ihrem Gebiet die Beste sein.

Freundschaft
Sie möchten im Leben gern enge Freunde haben.

Status
Andere Leute sollen Ihre Bedeutung anerkennen.

Ethik
Sie folgen gern bestimmten Prinzipien oder einem Moralcode.

Gleichgewicht
Sie besitzen die Flexibilität, Ihre Arbeit mit anderen Aspekten Ihres Lebens zu kombinieren.

Herausforderung
Sie möchten sich gern selbst testen, indem Sie schwierige Probleme lösen.

Persönliche Freiheit
Sie möchten so frei sein, die Dinge auf Ihre Weise zu erledigen.

Etwas bewegen
Sie wollen eine Aktivität verfolgen, die einen positiven Einfluss auf die Menschen oder die Welt hat.

Materielle Belohnung
Finanzieller Erfolg ist Ihnen wichtig.

Wählen Sie die drei oder vier Motivatoren, die Ihnen am wichtigsten sind – ohne die Sie wirklich nicht auskommen. In der ersten Zeile finden Sie ein Beispiel.

Meine Motivatoren	Warum das für mich so wichtig ist
Etwas bewegen	*Ohne dies wäre das Leben sinnlos. Die für mich aufregendsten Dinge sind die, mit denen ich etwas bewegen kann. Ohne sie hätte ich keinen Antrieb.*

3. WAS SIE KONTROLLIEREN KÖNNEN UND WAS NICHT

Falls wir unsere Zeit damit verbringen, mit etwas zu kämpfen, worüber wir keine Kontrolle haben, kann das unsere tägliches Wohlbefinden entscheidend beeinträchtigen.

Es gibt immer etwas, das wir nicht kontrollieren können. Wichtig ist zu erkennen, worauf wir Einfluss haben und worauf nicht, und dann entsprechend zu handeln. Hier ist ein Beispiel:

Emily hat Probleme mit ihrem Chef. Manchmal ist er ganz vernünftig und unterstützt sie. An anderen Tagen ist er distanziert und ändert ständig seine Meinung darüber, was er will. Sie weiß nie, wo sie mit ihm steht, und das frustriert sie. Es beeinflusst sie mittlerweile negativ, da sie eine Menge Zeit damit zubringt, sich Sorgen zu machen.

Schauen wir uns an, was Emily in dieser Situation tun kann, wo sie Kontrolle hat und wo nicht.

Was Emily nicht kontrollieren kann – Das Verhalten ihres Chefs, das heißt, ob er sie unterstützt oder nicht, und die Tatsache, dass er häufig seine Meinung ändert.

Was sie möglicherweise beeinflussen kann – Sie könnte eventuell seinen Wankelmut beeinflussen, indem sie an einem guten Tag mit ihm über die Ziele spricht, die sie erreichen soll, und sich mit ihm auf einen Plan einigt. Es ist möglich, dass er dann später seine Meinung nicht wieder einfach so ändert.

Was sie kontrollieren kann – Es gibt einige Dinge, über die Emily die Kontrolle besitzt. Eines ist ihre Reaktion auf diese anstrengende Situation am Arbeitsplatz. Sie kann zulassen, dass ihr das nahegeht, oder sie kann sich sagen: »Naja, so ist er, und er wird sich wahrscheinlich nicht ändern.« Auf diese Weise könnte sie ihn schließlich so akzeptieren, wie er ist. Sie kann sich aber natürlich auch einen anderen Job suchen.

Tatsache ist, dass wir Energie darauf verschwenden, uns Sorgen um etwas zu machen, über das wir kaum oder keine Kontrolle haben. Besser und produktiver wäre es, wenn wir uns auf die Dinge konzentrieren, die wir tatsächlich beeinflussen können.

Probieren Sie es aus. Schreiben Sie hier all die Sorgen auf, die Sie in einer bestimmten Situation haben.

Schreiben Sie nun neben jeden Eintrag, ob es etwas ist, das Sie: a) vielleicht beeinflussen; b) gar nicht kontrollieren; c) definitiv ändern können.

4. WÄHLEN SIE IHRE REAKTION

Falls unser Denken – speziell in Bezug auf unsere Erwartungen an unser Verhalten und das anderer Leute – voller »sollte« und »müsste« ist, werden wir wahrscheinlich regelmäßig enttäuscht oder verärgert. Dies wirkt sich auf unser Verhalten und unser Wohlbefinden aus.

Hier sind einige Tipps, um Frust zu verringern und das gewünschte Ergebnis zu erreichen:

1. Akzeptieren Sie, dass jeder anders ist, und erwarten Sie nicht, dass sich die Menschen Ihren Maßstäben entsprechend verhalten. Vielleicht haben sie gute Absichten, auch wenn uns ihr Verhalten nicht gefällt. Überlegen Sie genau, ob es möglich ist, deren Verhalten zu ändern.

2. Entwickeln Sie ein Verständnis für Situationen, die stärkere Reaktionen in Ihnen auslösen können. Je genauer Sie wissen, was Ihnen nahegeht, umso besser können Sie damit zurechtkommen. Denken Sie daran, dass wir selbst entscheiden können, wie wir auf eine Situation reagieren, auch wenn wir die Situation selbst nicht kontrollieren können.

Schreiben Sie auf, welche Situationen Sie ärgerlich, frustriert oder nervös machen. Wann halten Ihre Emotionen Sie in Schach statt umgekehrt? Notieren Sie neben jede Situation, wie Ihre Stärken, Werte und Motivatoren Ihnen helfen, damit klarzukommen. In der ersten Zeile finden Sie ein Beispiel.

Situationen, die mich ärgerlich oder frustriert machen	Wie können meine Stärken, Werte und Motivatoren mir dabei helfen?
Wenn meine Kollegin zu spät kommt	*Ich bin ehrlich und direkt und könnte ihr daher sagen, wie mich das beeinflusst. Ich sorge mich um andere Menschen und könnte daher fragen, ob es etwas gibt, weshalb sie sich verspätet.*

Hier sind einige weitere Tipps, die Ihnen in solchen Situationen helfen können. Markieren Sie die, die für Sie funktionieren könnten.

- Nehmen Sie an, dass es nichts mit Ihnen zu tun hat, weshalb eine Person auf eine bestimmte Art handelt.
- Nehmen Sie es nicht persönlich, wenn jemand etwas macht, das Sie problematisch finden.
- Holen Sie tief Luft.
- Zählen Sie bis zehn.
- Sagen Sie nichts, falls jemand, mit dem Sie zu tun haben, schlechte Laune hat, lassen Sie ihn in Ruhe.
- Versuchen Sie, sich in seine Lage zu versetzen.
- Denken Sie nach, was Sie tun können, um ein positives Ergebnis zu erreichen.

Manchmal passiert etwas, und Sie können darüber nachdenken, bevor Sie reagieren müssen. In diesem Fall hilft Folgendes:

- Gehen Sie spazieren.
- Betrachten Sie die Situation aus einem anderen Blickwinkel. Fragen Sie sich, wie wichtig sie global gesehen wirklich ist.
- Lassen Sie Dampf ab, indem Sie mit einem Freund oder Kollegen über Ihren Frust reden.
- Schreiben Sie sich Ihre Gedanken von der Seele.

Sie sind vielleicht die Art von Person, die wählen kann, wie sie in einer bestimmten Situation reagiert. Gehören Sie jedoch eher zu denen, die sich von äußeren Faktoren beeinflussen lassen, dann wissen Sie jetzt, dass das nicht so sein muss. Mit ein bisschen Übung können Sie meist entscheiden, wie Sie reagieren können, egal was kommt. Und mit zunehmender Kontrolle sinkt der Stress.

5. IHR »TEAM«

Es ist immens wichtig, Leute zu haben, die Ihnen helfen und Sie unterstützen. Sie sind sozusagen Ihr Team, das aus unterschiedlichen Leuten besteht, die sie auf verschiedene Weise unterstützen.

Manche Menschen finden es peinlich, um Hilfe zu bitten. Sie befürchten, dass sie schwach wirken oder eine Last sind. Meiner Erfahrung nach mögen es die meisten Leute jedoch, wenn man sie um Hilfe bittet. Es ist schließlich ein Kompliment, wenn andere glauben, man hätte etwas zu bieten. Wir haben uns in diesem Buch Stärken angeschaut, und die Stärke mancher Menschen besteht darin, anderen zu helfen – es gibt ihnen Kraft und belohnt sie!

Sprechen Sie deutlich aus, welche Art von Unterstützung Sie brauchen. Geht es um die Lösung für ein Problem, um Feedback für etwas oder soll jemand für Sie den Advocatus Diaboli spielen? Oder vielleicht wollen Sie auch nur eine Idee testen?

Unterschiedliche Menschen helfen uns auf verschiedene Weise. Schreiben Sie auf, wer Ihnen hilft. Denken Sie an Freunde, Familienmitglieder, Nachbarn, Kollegen, selbst den Verkäufer an der Ecke – jeden, der Ihnen ein bisschen hilft. Wer *könnte* Ihnen helfen, auch wenn Sie ihn noch nie in Betracht gezogen haben?

Schreiben Sie in den Kasten die Namen derjenigen, die Sie potenziell um Hilfe bitten könnten.

Art der Hilfe	Name der Person
Jemand, auf den ich mich immer verlassen kann	
Jemand, mit dem ich gern schwatze	
Jemand, der dafür sorgt, dass ich mich kompetent, geschätzt und selbstbewusst fühle	
Jemand, der eine wertvolle Informationsquelle darstellt	
Jemand, der mich fordert	
Jemand, der mir neue Leute vorstellt	
Jemand, der mir hilft, ein Problem zu durchdenken	
Jemand, der dafür sorgt, dass ich mich positiv und optimistisch fühle	
Jemand, der mir konstruktives Feedback gibt	
Jemand, der mich nicht beurteilt und immer für mich da ist, egal was passiert	
Jemand, der mich zum Lächeln bringt oder mich aufmuntert, wenn ich ihn treffe	
Jemand, der mir praktische Hilfe gibt	
Jemand, der mich emotional unterstützt	

Nachdem Sie nun Ihr Helfernetzwerk aufgezeichnet haben, denken Sie über die folgenden Fragen nach und schreiben Sie Ihre Gedanken nieder.

- Was fällt Ihnen an Ihrem Netzwerk auf?
- Wo müssen Sie es stärken?
- Wer kann Ihnen dabei helfen?

ZUSAMMENFASSUNG

Dieses Buch handelt davon, seine Stärken zu kennen und einzusetzen. Es gibt jedoch noch weitere wichtige Faktoren, die für Ihr Wohlbefinden und Ihren Erfolg entscheidend sind. Wir müssen unsere
Werte kennen, weil sie uns einen Sinn geben und zu den Dingen
gehören, die immens wichtig für uns sind.

Dann sind da unsere Motivatoren – die treibenden Kräfte hinter
dem, was wir tun. Stärken nützen uns nichts, wenn wir nicht motiviert sind, sie einzusetzen. Wir müssen uns klar darüber sein, wofür
wir unsere Energie aufwenden, damit wir nicht versuchen, Probleme
zu beheben, die sich unserer Kontrolle entziehen.

Und schließlich können wir nicht erfolgreich sein, wenn wir keine
Unterstützung von anderen erhalten.

SCHLUSSFOLGERUNG

Nach mehr als zehn Jahren in diesem Bereich habe ich gesehen, wie Stärken das Leben der Menschen verändern können. Für manche ist es eine Offenbarung, dass sie wirklich gut bei etwas sind. Viele Leute, mit denen ich gearbeitet habe, waren sehr bewegt, erleichtert und aufgeregt, als sie erkannten, dass es gut ist, wie sie sind, nachdem sie ein Leben lang versucht haben, sich zu verbiegen.

Machen Sie sich nichts vor – es steckt viel Macht in dem Wissen um unsere Stärken.

Es kann den Unterschied zwischen einem miserablen und einem erfüllenden Arbeitsleben bedeuten.

Junge Leute können sich mit diesem Wissen für Studien und Karrieren entscheiden, die sie erfolgreich und glücklich machen.

Jemand mit einem geringen Selbstwertgefühl könnte sich in eine Person verwandeln, die sich selbst zu schätzen weiß.

Und für uns alle ist es der Schlüssel zu Motivation und Erfolg.

Sie werden niemals Ihr volles Potenzial erreichen, wenn Sie nur versuchen, Ihre Schwächen zu reparieren – stattdessen sollten Sie Ihre Stärken kennen und verfolgen.

Ich hoffe, dass Sie durch das Lesen dieses Buches Einblicke in sich selbst gewonnen haben, die nützlich, motivierend und stärkend sind und dass Sie Ihr gewonnenes Wissen in die Tat umsetzen. Ich wünsche Ihnen dabei alles Gute.

Mögen Sie von Stärke zu Stärke gehen.

EIN BEISPIELHAFTES STÄRKEN-PROFIL

Ich: Joe Bloggs

Mein Stärken-Profil:

Ich bin sehr motiviert, belastbar und strebe stets nach neuen Herausforderungen. Durch meine aktuelle Rolle und meine Erfahrungen beim Leiten meines Unternehmens habe ich gute Führungs- und Prozessmanagement-Fähigkeiten erworben. Eine meiner Stärken ist das Managen und Motivieren von Menschen aus multidisziplinären Teams und aus allen Schichten der Gesellschaft. Ich bin außerdem bekannt für starke und produktive langfristige Beziehungen mit internen und externen Kunden und Mitarbeitern. Ich habe ein starkes Arbeitsethos und bin äußerst verlässlich und loyal. In all meinen Rollen habe ich, manchmal unter ausgesprochen widrigen Umständen, Leistungsgrade erreicht, die andere für unmöglich hielten.

Ich unterrichte Tanz für Erwachsene und Kinder und bin in der Lage, sie ungeachtet ihrer individuellen Fähigkeiten zum Ziel zu leiten.

Mein bestes Ich: Themen

Besonders lebendig und befriedigt fühle ich mich, wenn harte Zeiten drohen. Es ist klar, dass ich eine sehr entschlossene Person bin, ich gebe nicht auf, strebe nach Gerechtigkeit und will immer das Richtige tun. Besondere Befriedigung verschafft es mir, andere Leute weiterzuentwickeln, sodass sie ihr Potenzial erreichen.

Meine größten Stärken

Ich trage gern Verantwortung.

Ich mache weiter, auch wenn es schwierig wird.

Ich helfe gern anderen bei der Weiterentwicklung.

Für mich ist es wichtig, das Richtige zu tun.

Ich habe ein starkes Arbeitsethos.

Feedback von anderen

Aus dem Feedback der anderen ergab sich vor allem, was für eine gute Führungskraft ich bin, dass ich fair und ermutigend bin und dies Leute inspiriert, gut zu arbeiten. Mehrere Leute bemerkten, wie ruhig ich bin, was ich nicht für eine Stärke gehalten hätte. Aber sie sagten, dies helfe ihnen, ebenfalls ruhig zu bleiben.

Meine wichtigsten Schwächen (und was ich dagegen tun will)

Zuweilen verschleppe ich Dinge, auf die ich keine Lust habe, die aber trotzdem wichtig sind. Das beeinflusst manchmal meine Arbeit. Ich versuche dann immer, an meine »das Richtige tun«-Stärke zu denken. Wenn die Sache, die ich verzögere, wirklich wichtig ist, nutze ich mein Bestreben, das Richtige zu tun, um mich zum Handeln zu bringen.

Ich bin nicht besonders gut bei der Datenanalyse. Oft mühe ich mich lange damit ab. Allerdings weiß ich, dass meine Stellvertreterin gut darin ist und mir gern dabei hilft, sodass ich sie bitten würde, diesen Aspekt meiner Arbeit zu übernehmen.

Meine übertriebenen Stärken

Ich helfe Menschen gern bei der Entwicklung, sogar dann, wenn es praktisch nicht möglich war. Ich kenne nun meine Stärken und weiß, dass sich meine Anstrengungen mit diesen speziellen Leuten nie ausgezahlt hätten. Auch hier wird meine »das Richtige tun«-Stärke mir helfen, diese Situation zu vermeiden.

Mein Stärken-Diagramm

Meine eindeutigen Stärken	Meine zuvor verborgenen (oder unbekannten) Stärken
Trage gern Verantwortung	Ich bin eine ruhige Person
Mache weiter, auch wenn es schwierig wird	
Helfe gern anderen bei der Weiterentwicklung	
Will immer das Richtige tun	
Starkes Arbeitsethos	
Stärken, die ich manchmal übertreibe	**Schwächen**
Versuche, andere in Bereichen weiterzuentwickeln, in denen es unrealistisch ist	Datenanalyse
	Verschleppe manchmal Dinge

MEIN STÄRKEN-PROFIL

Ich:

Mein Stärken-Profil:

Mein bestes Ich: Themen

Meine größten Stärken

- _____
  _____

- _____
  _____

- _____
  _____

- _____
  _____

- _____
  _____

Feedback von anderen

Meine Schwächen (und was ich dagegen tun will)

Meine übertriebenen Stärken

Mein Stärken-Diagramm

Meine eindeutigen Stärken	Meine zuvor verborgenen (oder unbekannten) Stärken
Stärken, die ich manchmal übertreibe	Schwächen

REFERENZEN

[1] Mann, Annamarie und Harter, Jim. *The Worldwide Employee Engagement Crisis*, Gallup Business Journal (Januar 2016)
http://www.gallup.com/businessjournal/188033/worldwide-employee-engagement-crisis.aspx?g_source=Business+Journal&g_medium=CardRelatedItems&g_campaign=tiles

[2] London Business School and Finance (LSBF)
http://www.telegraph.co.uk/finance/jobs/11871751/Its-official-most-people-are-miserable-at-work.html

[3] Buckingham, Marcus. *Go Put Your Strengths to Work*, (Simon and Shuster 2007, New York), S. 64

[4] David, Susan, *Positive Thinking Won't Make You Happy*,
Washington Post (2016)
https://www.washingtonpost.com/news/inspired-life/wp/2016/09/23/forcing-positive-thinking-wont-make-you-happy-says-this-harvard-psychologist/?utm_term=.f498373ca141

[5] Cuddy, Amy. *Your Body Language Shapes Who You Are*,
TED Global (2012)
https://www.ted.com/talks/amy_cuddy_your_body_language_shapes_who_you_are

[6] Rigoni, Brandon und Nelson, Bailey. *Retaining Employees: How Much Does Money Matter?* Gallup (Januar 2016)
http://www.gallup.com/businessjournal/188399/retaining-employees-money-matter.aspx

[7] Sorenson, Susan. *How Employees' Strengths Make Your Company Stronger,* Gallup Business Journal (Februar 2014)http://www.gallup.com/businessjournal/167462/employees-strengths-company-stronger.aspx

[8] Newman, Kira M. *Happy Couples Focus on Each Other's Strengths*, Greater Good Magazine (Mai 2017)
https://greatergood.berkeley.edu/article/item/happy_couples_focus_on_each_others_strengths

[9] Deayton, A. und Kahneman, D., *High Income Improves Evaluation of Life But Not Emotional Well-being*, Centre for Health and Wellbeing, Princeton University (Juli 2010).
https://www.princeton.edu/~deaton/downloads/deaton_kahneman_high_income_improves_evaluation_August2010.pdf

[10] Baumeister, Roy F., Vohs, Kathleen D., Aaker, Jennifer und Garbinsky, Emily N. *Some Key Differences Between a Happy Life and a Meaningful Life*, Journal of Positive Psychology, Vol. 8, Issue 6, S. 505-516 (2013)

DANK

Ich war immer der Meinung, dass es leichter sei, lange Werke zu schreiben als kurze. Dieses kleine Buch ist der Beweis. Es war eine ziemliche Herausforderung. Viele Menschen haben mir geholfen und mich bei meinem Vorhaben ermutigt. Mein Dank geht an:

Meine Familie, Freunde, Kollegen und Kunden für euren Enthusiasmus und eure Unterstützung für The Strengths Revolution und dieses Buch.

Mary Nathan für dein frühes Feedback und deine Vorschläge für die Struktur.

Sally Blake, Carmel Cahill, Jo Dale, Kate Monro, Ceris Morris, David North, Kate Saunders, Elly Smith und Millie Townsend für eure durchdachte Kritik des Exposés und des Manuskripts.

Martin Liu dafür, dass er dieses Buch in Auftrag gegeben hat, und Sara Taheri, Liz Cooley, Niki Mullin und das wunderbare Team bei LID für die Realisierung.

Charlie Haynes von Urban Writers' Retreat für die Bereitstellung des wunderbaren Ortes zum Schreiben.

All die Leute, mit denen ich gearbeitet und die ich betreut habe – wegen euch weiß ich, was für ein Buch es werden sollte.

ÜBER DIE AUTORIN

SALLY BIBB ist die Führungsperson hinter The Strengths Revolution, außerdem Gründerin von Engaging Minds, einer Beratungsagentur, die überragende Ergebnisse für viele bekannte Organisationen erzielt hat, darunter NHS, Olympics, Saga und Starbucks.

Sie ist eine preisgekrönte Autorin mehrerer Unternehmensbücher, einschließlich *Strengths-based-Recruitment and Development*.

Sally ist weltweit tätig. Vor der Gründung von Engaging Minds arbeitete sie bei The Economist Group und im Telekommunikationsbereich.

Sie besitzt einen BA (Hons) in Social Sciences, einen MSc in Change Agent Skills and Strategies von der University of Surrey und ist Fellow an der Royal Society of Arts.

Sie sieht es als ihre Mission, die Botschaft der Stärke aus der Geschäftswelt herauszutragen, um Menschen aller Alters- und Gesellschaftsgruppen zu helfen.